法律的悲悯

洪 流 著

文汇出版社

序
一个律师如何看待这个世界

　　洪流给自己的公号起名"洪流法眼"，他认为自己有一双"法律之眼"，可以冷峻地看这个世界。于是，他写案件、写法官、写公诉人、写滴滴司机、写路途上的旅人……当然最多的还是写作为律师的自己——即使有时是以描写其他律师的方式——对法治的热爱。

　　无论是谁，看待世界都会有一套"知识体系"，即使他是文盲，没有作为文字的知识，也一样拥有作为语言的知识。如果把自己所信奉的某一种背景知识明确地提出来作为看待世界的尺度，那么，依照"洪流法眼"的模式，可以有"农眼张三"、"商眼李四"、"权眼赵太爷"……与这些"眼"相比，律师的眼睛能够给人们带来什么样不同的惊喜呢？

　　无数个体的思想决定着他们的经济生活形式，经济形式又决定着交往的规矩该如何建立，这种对交往规矩稳定性的希望影响人们对纷争解决方式的意见。到需要刑事法律来解决问题的时候，社会生活已经稳稳地立在那里了。法律不过是用人们已经形成的"共识"来维护已经形成的生活。此时的律师对世界的看法，不过是重复已有的故事，当然会带着不一样的深刻，力图洞悉法律背后的利益，尤其是要能够明确地描述出对人们长远利益有影响的因素，只为避免任何为了短期利益而仓促采取的权宜之计。这个时候律师的"法眼"对普通人的未来生活并无特别的预见性意义。但是如果事情是以相反的方向出现时，法律尤其是刑法先行时，律师就不可避免地成了最早感受到社会变化的那一群人。他们基于对法治的信仰——当然他们不得不对法治有信仰，即使仅仅基于行业生存的刚性需求——会对社会有一种普通人看起来过于"激烈"或者"矫情"的看法。人们从这个时候的律师眼里可能会看到一些有"预见性"的论断。

不过法律知识也并不仅仅是"一种"知识。我所见到的法律人，彼此之间立场、价值观、方法之差异，并不比法律人与门外汉的差异更小。因为所有的知识，包括人们信以为接近"绝对真理"的物理公式，都是主观的，是人类用自己的语言文字去表达对世界看法的一种方式；或者说，那个物理公式不过是世界在人类的语言面前表现自己的一种方式。更何况作为无法用实验去证伪的法律知识，其主观性就更强了。唯一能够因为其延扩到普通人的头脑中而被认为是"正义"组成部分的法律规则，作为人类行动的结果，而不是人为设计的结果，具有强于其他法律的客观性，但其实并没有被我们的律师有意识地当回事。律师们更多把立法，尤其是有利于自己一方的立法特别当回事。由于立法本身必然贯彻着立法者以及法律人眼中的"重大利益"和"轻微利益"相较之下的一方被保护，另一方被牺牲，所以以此为据的"法眼"看见的世界也会是被这种预先设定的"优先利益"绑定的世界。

当然，我并不认为会存在一个独立于人类的客观世界，除非它不是用人类的语言和知识描述的世界。我们赋予这个世界以意义，并接受自己的语词对自己头脑的塑造。

那么，面对这种描述世界的主观知识，我们还能相信什么？是不是怀疑主义才是哲学的终结？在所有的人类文明中，只要这种文明还能够存在，没有崩塌，人们就必然会去"相信"。相信一种不需要证明或者无法证明的信念，就如古人对神灵的相信，带领他们走过灾难重重的短暂人生一样，今天的律师们也必须相信法治，只有这样才可以引领着他们在欲望之海保持航向，才能帮助他们在荆棘之路忍痛前行，即使这种"法治"的内容一旦具体化还会有不同的看法。

北京大成律师事务所高级合伙人，北京大学法学博士

韩友谊

2023 年 12 月 3 日

目　录

法 / 律 / 的 / 悲 / 悯

第一篇　我拿什么来保护你

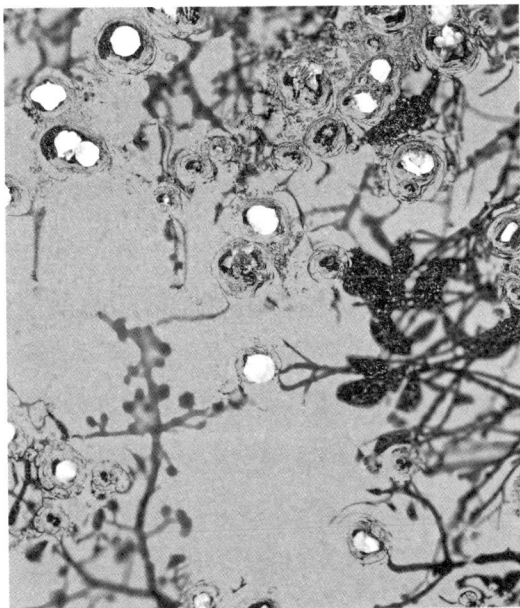

天下大舞台

上周某日，因广东某律师在上诉状中有谩骂和人身攻击之辞，海南二中院对该律师作出顶格罚款十万元的处罚，并向广东司法厅发出司法建议书，建议对该律师进行行政处罚和行业惩戒。看到这则消息，我忍不住呵呵一下：就在刚跨入 2018 年的十几天前，也有某演出团体发表声明，公然挑战法院权威，闹到最高法院都出面，摆出一副不弄你还弄谁的架势，但后来忽然就啥声音都没有了，满世界变成了红色感叹号。

罚一两个律师有用吗？就算把众多无干爹、无干娘的律师都吊销执照，也不过让人们徒增笑料而已。法院辛辛苦苦打打罚罚，建立法官员额制，建立被执行人信用机制强化判决执行，增加法官工资，禁止法官承担多余的社会义务工作，让法官们的信心一点点多起来，然而然而，不小心某天惹到了几个优伶，忽然就发现自己什么都不是。

罗马不是一天建成的，但要毁掉罗马城，一两天就够了。

史载东汉有个强项令董宣，因为把皇家公主的杀人犯奴才杀了，光武帝要责罚他，没想到这哥们儿就是不从，还骂皇帝不遵守法律，搞得光武帝也没法，最后还赏他三十万钱，此后董宣越发得势，打击豪强更加上瘾，京师称他为"卧虎"。现在用我阴暗龌龊的逻辑心想来，这个典故也是非常蹊跷，既然封建社会没有什么司法独立，那这个董宣的出场就不合常理，史载的东西，总容易被粉饰 PS 过。如果董宣的英雄事迹真的存在过，那也许还有另外一个解释，即光武帝需要董宣打击豪强，一来增加皇帝权势，二来给皇帝脸上贴金，名垂青史。

这个阴暗龌龊的逻辑在另一个朝代清官海瑞那里又找到了证明：海瑞一生历经正德、嘉靖、隆庆、万历四朝，其间官场经历起起伏伏，几个皇帝都知道海瑞的清名，需要时启用打击豪强，看看差不多了就换个闲职，当牌坊供起来。只可怜海瑞一生愚忠，到最后都不明白自己不过是大明的一条狗。

所谓天下大舞台，万年美优伶。周星星在《喜剧之王》里说过一句话让我很感动："其实我是一个演员。"既然把人生和职业的本质看透，就会心平气和很多，不要去假装有很远大的理想，或者要去做什么伟大的事业。挣点钱能养"张柏芝"才是真正的生活。

大家都是演员，人家演技比你好，你被拉黑了也正常，没啥不服气。

（2018 年 1 月 21 日）

我们需要什么样的监控

2018 年 3 月 26 日，百度李彦宏一句"中国人更愿意用隐私换效率"惊艳四座，引起激烈争论。李彦宏到底是为了替百度收集客户个人信息的行为洗地，还是说出了我们身处网络信息时代的尴尬，是一个仁者见仁、智者见智的问题。但在当前，公民个人隐私权缺乏足够的法律保护却是不争的事实。尽管有一些零散的条款对侵犯个人信息隐私的行为予以禁止并规定了处罚措施，例如刑法修正案（七）、《中华人民共和国护照法》第十二条、《中华人民共和国身份证法》第六条等，但早在 2003 年国务院就委托有关专家起草的《个人信息保护法》，却千呼万唤出不来。

当大家关注于个体和商业组织基于盈利行为侵犯公民个人隐私权时，有一个致命的程序却被忽略了。

2018 年 3 月 22 日，被判死缓的毒贩黄德军在脱逃后不到 30 个小时就被抓获，等待着他的最终结果极有可能就是死刑。

2017 年 5 月 10 日，从云南省第一监狱脱逃的罪犯张林苍，经过 9 天的逃亡后被抓获。

2017 年 12 月 24 日，杀了两个警察的警察陈建湘在经历了 2 天的逃亡后被抓获。

现在抓人远比以前容易，为啥？

一个字：高科技。

两个字：无所不在的高科技。

20世纪曾轰动一时的二王案和白宝山案，让老警察们直到今天依然记得抓捕时的艰辛和巨大的牺牲。科技发展到今天，新警察们喝着星巴克，玩着智能手机，破案信心远比老警察爆棚。无处不在的监控视频、DNA数据、人脸分析、天眼系统，再加上最传统的朝阳群众，任何一个犯罪分子或者潜在的犯罪分子面对这些强大的专政武器时无不瑟瑟发抖。

今年元旦在欧洲自驾，因为不理解当地规则面对红灯右拐，当我胆战心惊地去租车公司结账时，惊奇地发现租车公司的账单里并没有违章的罚款。原来他们的路口不像我们这里有这么多的监控探头。我们这里无处不在的监控，对于重塑诚信规则、监督公民遵纪守法无疑有着积极的推动作用，说监控时代是革命的时代也不为过。对司法人员来说，监控改变了传统的游戏规则。警察破案不再依赖线人，而是去看视频和大数据分析；法官开庭不再需要书记员当庭记录，而是对庭审过程全程录音录像；社区矫正人员随身佩戴电子脚环，以便让监控人员能随时获取该人员位置坐标……

然而另一方面，监控时代让所有公民的个人信息都暴露在网络空间，暴露在监控人员的视线里。在淘宝上买箱苹果，在携程订个房间，在12306订张高铁票，在微信上和亲爱的撒个娇、卖个萌，甚至在菜场用支付宝买两个春笋，在过斑马线时闯个红灯，都可以通过大数据纳入监控人员的监控范围。看过电影《窃听风暴》的应该记得其中一条令人胆战心惊的字幕："公开化无处不在"：全东德百姓被 10 万史塔西秘密警察控制着，还有 20 万名告密者，他们的目的就是要知道别人生活的任何一个细枝末节，以达到政府的全方位无死角控制。今天无处不在的监控人员，和当年的史塔西，也许就只有一纸之隔。无处不在的监控，让犯罪分子无路可逃，但也可以让每个公民都裸露在国家机器的视线里。

如何防止这个庞大的监控系统变成新时代的利维坦？

用法律限制监控人员和司法人员滥用权利，尤其是限制国家滥用监控技术对公民个人信息和隐私权利的侵犯，是比个人和商业机构侵权更需要重视的问题。

电影《三块广告牌》里有个情节：当警察局长很抱歉地告诉被害者的母亲，因为 DNA 数据和数据库里的罪犯对比不上，所以没法查找到凶手，母亲问他为啥不扩大侦查的范围，要求通过对比全国 8 岁以上的男性 DNA 来查找凶手时，局长很抱歉地说这违反有关保护公民个人隐私权利的法律。

监控不是问题，问题是我们需要什么样的监控。

（2018 年 3 月 29 日）

咚咚你个枪

关于枪的争议，有很长一段时间了，各地法院拿着一些涉枪尤其是气枪的案件很是头疼，怎么判都不是。现在老百姓有钱了爱玩枪，人家玩枪又不拿出来危害社会，有的就是自己在家撸一撸，对这些案件如果按照之前的规定硬判，不仅判得被告人哭天喊地怨声载道，连法官自己也觉得判得有问题。这样的案件多了，最高院也不可能再装睡着，近日，两高终于出台《关于涉以压缩气体为动力的枪支、气枪铅弹刑事案件定罪量刑问题的批复》。批复从两方面给了下级法院极大的自由裁量权：

一，对于气枪，不仅考虑数量，还要充分考虑枪支的外观、材质、发射物、购买场所和渠道、价格、用途、致伤力大小、是否易于通过改制提升致伤力，以及行为人的主观认知、动机目的、一贯表现、违法所得、是否规避调查等情节。

二，对气枪弹，应当综合考虑气枪弹的数量、用途以及行为人的动机目的、一贯表现、违法所得、是否规避调查等情节。

据说此批复出台后，有若干被告人的强制措施立即转为取保候审。

我国是禁枪的国度，但到底什么是法律意义上的"枪支"，不要说普通民众，就连不少刑事辩护律师估计脑海里也没有清晰概念。根据《枪支管理法》第46条：本法所称枪支，是指以火药或者压缩气体等为动力，利用管状器具发射金属弹丸或者其他物质，足以致人伤亡或者丧失知觉的各种枪支。"足以致人伤亡或者丧失知觉"的枪支标准，自1996年10月1日至今一直未变。枪支分制式和非制式，制式主要是指军警用枪，除此以外为非制式枪支。军警用枪本来就是用来杀人的，所以当然可列入"枪支"范畴，但何谓"非制式枪支"？判定的标准是"枪口比动能"。此前，我国对非制式枪支致伤力的鉴定标准为16焦耳／平方厘米，类似的非制式枪支鉴定标准，香港是7.077焦耳／平方厘米，台湾是20焦耳／平方厘米。2008年3月1日，新实施的《枪支致伤力的法庭科学鉴定判据》大大降低了这个标准，新规定确立了"非制式枪支致伤力判据为枪口比动能1.8焦耳／平方厘米"的红线。这个标准，比之前的标准严格了9倍。

海外生产的很多气体击发的玩具枪和仿真枪，按照当地的杀伤力标准是合法的，但如果进入了大陆，就会被鉴定人员根据2008年的新规判定为"枪支"，不允许买卖和持有。玩枪民众搞不懂焦耳是啥东西，也搞不懂1.8焦耳／平方厘米意味着什么，所以在司法实践中，常有民众闯红线的事情发生，2015年福州网购仿真枪的刘大蔚案，2016年天津摆气枪摊的赵春华案，都是很有代表性的焦点案件。

最高法里学者、专家不少，对这些有关枪支的法律法规的瑕疵不是不知道，不少最高法的学者、专家还是留洋归来，更清楚禁枪的根本不在于枪有多可怕。美国人不禁枪，老百姓可以合法持枪，以此来保证自己的基本民权不受非法侵犯。但我国不同，自秦以来，国家就视民间持有兵器为心腹大患，禁枪是我们长治久安的基本国策。老百姓买把气枪就被抓，感觉是身上的 G 点多了一点，但让最高法发文把之前的法律法规否定掉，不仅程序上有问题，而且在技术上也无法在"枪支"的概念界定上划出一道清晰的界限，划深了带来潜在的社会危害，划浅了和以前没啥区别。好在两高里高人多，采取批复的方式解决了这个矛盾：第一，不去动"枪支"这一概念，1.8 焦耳 / 平方厘米的标准依然存在，顺带着把气枪弹的概念也延展了，以后真有坏人拿着符合这个标准的气枪干坏事依然可以定罪量刑；第二，即便达到了 1.8 焦耳 / 平方厘米的标准，但人家如果只是自己的业余兴趣爱好，没有社会危害的，可以不追究刑事责任或者从轻处罚。

批复一出，两高舒了口气，下面地方法院的法官也许就垮下了脸：两高自己做了好人，却把难题踢给了下面的法官们，这对于习惯了按照法条和司法解释办案的法官们，不是出了道新课题吗？行为人的主观认知、动机目的、一贯表现，这些全是主观判断的问题，案子是我说了算还是你说了算？你觉得范冰冰好看，我觉得李冰冰更好看，大家掌握的主观标准乱套了咋办？

估计律师们看到这个批复乐开了花：管你是范冰冰、李冰冰，今儿我把眼一眯就当你是刘晓庆。

（2018 年 4 月 2 日）

我拿什么来保护你

如果一个人已经决绝到怀抱必死之心来对抗这个社会，那这个社会还有什么手段可以威慑或者阻止他？作为两个孩子的父亲，昨天听闻同一个城市里人家父母的悲声，在同悲切时又多了一份法律人的绝望。

法律人都知道，对于这种反社会人格成员，法律的预防作用乃至死刑的威慑难见成效。一旦这种反社会人格者决心把罪恶付诸行动，其产生的破坏力是相当惊人的。这种破坏力的威力在于，我们不知道他是谁，会在哪里出现；我们根本无法防范，因为破坏往往是突然的，蓄谋已久的。不要轻视这些单独的反社会人格案件的破坏力，假如把这些单独的个案加在一起的话，他们对社会整体造成的危害不亚于恐怖分子造成的危害。

任何社会，任何时期，都存在反社会人格者。比如 2011 年 7 月 22 日发生在挪威的安德斯案，该案造成逾 80 人遇难；美国每年发生的校园枪击案更是比比皆是。反社会人格是人类社会的衍生物，当终极刑罚对于反社会人格者没有任何威慑力时，如何对待和处理反社会人格者，研究反社会人格的成因，把这类人群的人数降到最低，才是我们真正应该做的。

一般来说，反社会人格者的形成具有多方面原因，比如精神疾病、性格障碍、家庭成长环境、生活和工作中遭受的不公平对待等。2017 年 5 月 9 日发生在山东威海的韩国国际学校附属幼儿园校车燃烧事故，致使 11 名幼儿遇难，司机当场死亡，随车女教师抢救无效离世。后经查明，这是一起人为实施的放火案件，该车司机丛威滋因短时间内加班补助、夜班费被接连停发，致使其工资收入骤减，心怀不满，遂从加油站购买汽油并携带上车，于案发当日在车内实施纵火行为。2018 年 4 月 27 日发生在陕西米脂的恶性砍学生事件，导致 19 名学生死伤，经查，行凶者交代其在米脂三中上学时受同学欺负，遂记恨学生，持刀杀人。

如果措施得当，大多数反社会人格者的罪恶行为是可以事先避免或预防的，不过如何来使措施得当，又是一个大工程。加班补助和夜班费被停发，也许是用人单位经济陷入窘境；用人单位经济陷入窘境也许又牵涉到经济的大环境，经济的大环境不好了，各种矛盾和冲突就多起来。丛威滋本可以再通过劳动仲裁的手段维权，但不知为何他却选择了放火这一结果。米脂的行凶者其杀人动机仅仅是因为高中被人欺负过，这又牵扯到校园霸凌的问题，是当初的高中老师只考虑了升学率，真没把他的被欺负当回事，还是这个人太想不开，或者根本就不存在校园霸凌？如果有，那是不是要反思当下我们升学率第一的教育制度的失败之处？

反社会人格者的增多，其实是社会成员生存状态的一种预警，他们的频频作案提醒我们，我们社会的某些部分出了问题。就像是一些因为环境污染或食品污染而出现在我们体内的肿瘤，如果再不采取措施，这些肿瘤可能就转为恶性的。

而作为权力在手的政府，对于越来越多的反社会人格者案件应该做什么？

　　威海案也好，米脂案也好，世外案也好，如果政府不能从中去反思一下案件的成因，却连正常的报道都予以屏蔽，还将所有的责任推到反社会人格者身上，那如何来防止后来的反社会人格者？我们今天的经济已经世界第二，我们两年就可以造一艘航母，我们满大街都摆满了标语和未来的奋斗目标，我们为什么不能告诉我们的孩子，这个世界还有一种人叫反社会人格者，他们是你的敌人？

　　孩子们有权利知道，在歌舞升平的校园外面，有着另一种危险。

　　面对真相，承认真相，找到问题的成因，一个问题一个问题地解决，告诉孩子如何防范他的敌人，才是政府真正该做的。封锁信息，报喜媚上，甚至是亲切的慰问，只不过是在肿瘤上涂了一点红药水，好看是好看了，该烂的还是要烂。

　　身为法律人，每每遇到这种案子，就陷入理念的冲突中。虽然知道法律不是万能的，死刑对于他们没有任何意义，但从做父亲的角度看，一万个反社会人格者的死刑，都不值威海校车案惨死的孩子，都不值米脂中学惨死的孩子，都不值上海世外惨死的孩子。

　　是为祭。

（2018 年 6 月 29 日）

以法益的名义

从几年前的空姐代购案，到后来的各个非法持有枪支案，再到涉及珍稀动物犯罪的多个案件，直到现在院线热映的以陆勇案为原型的"格列卫"案，都具有这样一些特征：这些案件从刑法分类角度看都是法定犯；被告人都获得了大众的广泛同情；由于律师的不懈抗争和媒体的曝光，这些案件的走向都受到了重大影响，甚至促进了最高法院发文对原来的裁判规则予以调整。

与杀人放火、盗窃抢劫这样的自然犯不同，对法定犯的处罚更多是基于统治秩序的需要。德国古典学派学者费尔巴哈认为，犯罪行为不只是违反了"法律"，更重要的是侵犯了受害人的权利。伯恩鲍姆则指出，该观点虽然可以解释诸如杀人等传统犯罪，却无法从权利的视角对一些并未侵犯任何个体权利的行为作出合理的解释，比如"反伦理和反宗教"罪。由此，他提出了"法益"的概念，用于取代费尔巴哈的"权利"。随着人类现代文明的进程，"法益"一词越来越多地被立法者适用，以此来为各类法律寻根溯源找到立足的根本。但另一方面，法益的内容并不是一成不变的，伦理概念随着人类文明的进步在慢慢改变着内涵和外延，传统法律和宗教禁止的同性恋在越来越多的国家和地区被宣布为合法。同样，统治秩序也在随着文明的进步和经济的发展在逐渐调整，一些计划经济时代违反计划经济秩序的商业行为随着自由经济的扩张今天已经不再被处罚，但由于立法的迟缓以及司法的机械呆板，对于法益的保护调整往往存着滞后现象，代购的空姐、玩枪玩鸟的年轻人、需要救急药的绝症患者，就成了这种滞后状态的牺牲品。

　　从普通大众的朴素观念出发，如果国家的关税太高，为什么我不可以到国外去买更便宜一点的商品？如果我玩枪只是玩一些具有低烈度射击力的类似玩具枪，不会对社会造成更多的危害，为什么国家要对我科以重刑？如果我已经身患绝症，需要特效药挽救或延长自己的生命，为什么国家一定要我花几万元去买在国外只需花不到十分之一费用就可以买到的药品？国家法律在这些法定犯罪里保护的法益到底是谁的法益？

　　或许有观点认为，对于法益的保护很多时候要有选择，法律从来都不是保护所有利益的。有的专家学者也许会拿出统治秩序、民族企业保护和公众安全这些理由来解释。但是为了保护这些看上去高大上的利益，就可以对普通大众这些实实在在最基本的利益视而不见吗？

　　所有的法律条款背后都有受益者，相较于自然犯的受益者，法定犯的受益者的确显得更为狭隘和缥缈一些，但这样的受益者的的确确是存在的。对高关税的保护会让技术落后、效率低下的一些民企或国企受益；对于枪支一揽子不分青红皂白的禁止会让警察们禁枪更加简单和得心应手；对于虽然在国外获得了生产许可但在国内没有生产资质的特效药来说，对这些药的禁止则让国内的药企、医院和卫生部门保持了他们在这一领域的垄断地位。有的时候，所谓的法益，保护的其实只是某个行业、某个领域、某些特定阶层和人群的利益。看清楚了这一点，我们就会明白，很多被告人和律师在法庭上表面上是在对抗法律，其实他们对抗的是强大的利益团体。

我国法律体系是成文法，案件审理通常采取法官纠问制，在刑事诉讼中没有英美法系那种真正意义上的陪审团，普通大众对于法益的价值评判，只能通过法官的自由心证和律师的强力辩护来完成，而这对于孱弱的律师来说几乎是一个不可能完成的任务：一方面是法官不可能主动站在被告人一边来审核被告人法益的正当性和可保护性，关于这一点，从各个热点案件的被动推进就可以看得出来；另一方面，在当前舆论监督受到强力限制的背景下，律师如果试图要借助媒体的力量来放大被告人法益的正当性影像，要冒很大的风险。但即便是这样，文首谈及的一系列案件大多数通过律师的努力都获得了不错的结果。由此来看，中国的律师可以算是世界上最优秀的律师，虽然没有数百万美元的年薪，但却能完成国外同行几乎不可能完成的工作。韩国《辩护人》这样催人泪下的电影故事，换在中国却是一部部活生生的纪录片。

同为法律人，在法益保护这个问题上，法官理应承担起更艰巨的任务，应对法益保护的调整更为主动一些，而不是每个案件都需要律师大声疾呼后才被动跟上。最高法院对于整个国家的司法现状、法律的滞后性和某些类型案件的律师意见，理应具有最完备和最即时的统计数据，由最高法院来调整法益的保护，是效率最高也是最及时的。

法律看上去很复杂，其实很简单。你可以随便找一个人大法工委的官员或者法院的法官问一问，问他愿不愿意为了保护国货而多花一倍的价格去买一块手表，或者当他的家人身患重病时，愿不愿意用十分之一的价格从国外买到特效药。当他告诉你真实的答案后，你就会明白，什么是真正的法益。

（2018 年 7 月 22 日）

疫苗安全与法律扩张

2018 年 7 月 29 日，长春新区公安分局以涉嫌生产、销售劣药罪，对长春长生生物科技有限责任公司董事长高某芳等 18 名犯罪嫌疑人向检察机关提请批准逮捕。这个罪名一公布，不少吃瓜群众炸了锅：因为这个罪名对个人被告人的最高处罚只有无期徒刑。这么严重的案子，为啥不能杀一两个？

如果你还没炸锅，我先来简单地解释一下，然后你再考虑炸不炸。

根据《刑法》第一百四十二条，生产、销售劣药罪，是指违反国家药品管理法规，明知是劣药而进行生产、销售，对人体健康造成严重危害的行为。这个罪名对个人被告人的最高处罚是无期徒刑。与本罪名非常接近的另外一个罪名是生产销售假药罪，根据《刑法》第一百四十一条，生产、销售假药罪，是指生产者、销售者违反国家药品管理法规，生产、销售假药，足以危害人体健康的行为。此罪名对个人被告人的处罚最高可适用死刑。

一个假药，一个劣药，一字之差，为何处罚结果区别这么大？药这玩意儿是很专业的东西，在炸锅前我们需要先看一看《药品管理法》。

《药品管理法》第四十八条是这样规定假药的：

（一）药品所含成份与国家药品标准规定的成份不符的；（二）以非药品冒充药品或者以他种药品冒充此种药品的。

有下列情形之一的药品，按假药论处：

（一）国务院药品监督管理部门规定禁止使用的；（二）依照本法必须批准而未经批准生产、进口，或者依照本法必须检验而未经检验即销售的；（三）变质的；（四）被污染的；（五）使用依照本法必须取得批准文号而未取得批准文号的原料药生产的；（六）所标明的适应症或者功能主治超出规定范围的。

《药品管理法》第四十九条是这样规定劣药的：

药品成份的含量不符合国家药品标准的，为劣药。

有下列情形之一的药品，按劣药论处：

（一）未标明有效期或者更改有效期的；（二）不注明或者更改生产批号的；（三）超过有效期的；（四）直接接触药品的包装材料和容器未经批准的；（五）擅自添加着色剂、防腐剂、香料、矫味剂及辅料的；（六）其他不符合药品标准规定的。

是不是看得有点累？那我再比喻得简单一点：如果拿庆大霉素冒充青霉素打给你，这算假药；但如果拿50万单位的青霉素冒充100万单位的青霉素打给你，那这算劣药。

从立法者的角度看，区别对待两种罪名是有一定道理的，毕竟从行为性质和后果来看都有显著区别。但在今天的背景下，药品管理法中一些基于国家法益的条款也需要进行修改。比如对于一些走私进来的药品，虽然在国外是正规产品，但因为没有经过药监部门许可而在司法实践中被以"假药论"，这种论处显然忽视了患者的法益，而把一些集团和部门利益放在首位。

引发全民愤怒的长生疫苗案，让公众注意到了这两个罪名的区别，并让公众将怒火转到了法律头上：无良商人为了金钱利益不择手段地进行各种犯罪，毒奶粉事件、地沟油事件、苏丹红事件，直到今天的长生疫苗事件，这些犯罪已经严重地危害到了公共安全，面对这些犯罪，我们的刑法条款是不是太斯文？

客观地说，这个时期出现如此大量的危害公众安全案件源于多方面的原因，传统道德的缺失、行业垄断和部门利益、缺乏监管的监管部门才是最大的推手，要把问题都归咎于刑法不够严厉显然是片面的思考。但从司法的角度看，良好的法律对于改善经济运行环境、保障国家治理、调和社会各阶层群体间的关系的确能起到重要的作用，所以有必要认真地审视一下长生疫苗案对于立法和司法的推进作用。或者说，如何通过一个公众安全事件来促进法律的扩张，让原本斯文的法条变得强大有效？

在西方国家对于药企的管理体制中，天文数字般的罚款是最常见的，这让我国刑法对于犯罪者的经济处罚相形见绌。美国医药巨头辉瑞在 2009 年因一起违规营销案被罚 23 亿美元，当时创下美国针对不当处方药开出的最大罚单。自 2004 年以来，辉瑞医药累计罚款金额已经超过 30 亿美元，罚款原因从营销、定价再到药物安全性不等。世界制药巨头葛兰素史克 2012 年也遭遇了 30 亿美元罚款，缘由是非法销售未经核准药物。日本武田制药则在 2014 年因为隐瞒药物不良反应在美国被罚 60 亿美元。

除了对于药企的严格管理外，政府在公众安全事件中承担的责任角色也许才是法律扩张中的重中之重。

20 世纪 70 年代，英国曾爆发百日咳疫苗和麻腮风三联疫苗事件，虽最终证明跟两种疫苗本身无直接关联，但英国政府依旧给予疫苗接种受害者相应赔偿。1979 年，英国政府出台《疫苗损害补偿法》，由国家补偿受损害家庭。到目前为止，英国政府至少为疫苗赔偿过 1.6 亿英镑。

在日本乙肝疫苗案中，随着日本政府承认过失，长达 40 年的诉讼让越来越多的民众加入诉讼，日本政府对此应接不暇。2010 年，日本法务省和厚生劳动省决定推出一揽子解决方案，通过立法的方式彻底解决这场日本史上最大的疫苗案。2011 年 1 月 13 日，日本法务省正式颁布《特定乙肝疫苗感染者赔偿特别措施法》，以法律条文的形式给出国家赔偿。其中规定，凡是在 1948 年至 1988 年之间接种过重复针头注射的乙肝疫苗者，无论发病与否，均可凭疫苗注射证前往厚生劳动省领取国家赔偿，并且制定了三档国家赔偿金基准：无症状者赔偿 50 万日元；乙肝患者赔偿 1 250 万日元；轻度肝硬化患者赔偿 2 500 万日元；重度肝硬化患者、肝癌患者、死亡者赔偿 3 600 万日元。如不肯接受该法律划定的赔偿金额者，还可继续向法院起诉日本政府索取更高额度赔偿。日本政府预计未来 30 年中将共有 3.3 万乙肝患者和 40 万乙肝病毒携带者要求获得损害赔偿，预计的赔偿金额达到 3.2 万亿日元之巨。

以上这两个案例中，政府在公众案件中承担的责任是非常值得关注的。作为公共卫生事业的推进者和监管者，当不良商人或企业危害到公众安全时，政府承担起自己应承担的责任，也许才是真正有效的改革方向。如果只是拿下一两家企业，甚至临时修改法条增加死刑处决一两个被告人，不仅让公众感觉到受愚弄，而且还与现代法律的价值走向背道而驰。

至于如何界定政府责任并要求政府承担相应责任，又涉及司法部门的独立性、权威性和判决力问题，这些问题在当下也许是比界定政府责任更大的难题。

长生疫苗案中，当地公安之所以以生产、销售劣药罪提请逮捕相关嫌疑人员，也许和当前收集的证据有关。在随后的案件进程中，不排除会寻找到新证据或者基于其他方面的原因而改变罪名的情况出现。在全国人民人人喊打甚至还有律师在朋友圈发声拒绝为长生案件的被告人辩护并提议全国律协也下文不再为这些被告人辩护的案子里，嫌疑人在诉讼中的正当权利能否被保障是令人担忧的。

接受过法律教育的法律人与公众不同的地方，就是法律人应该有更强大的逻辑思维能力和洞察力，而不是像一般公众一样眼泪横飞或者唾沫满天，否则，当事人凭什么付你法律费用？

（2018 年 7 月 30 日）

为什么要这么贵

　　我这人看电影就像是吃美食，喜欢上一种美食就狂吃，吃到胃里没空间了再换别的口味。喜欢上了日本电影先看黑泽明，看完了再看大岛渚，然后看北野武，然后，开始看是枝裕和。与黑泽明的王者风范、大岛渚的情色世界和北野武的暴力美学相比，是枝裕和更像是一个用显微镜研究人性的物理学家，他用一个个固定叠加的镜头，把人性中那些美好的亲情呈现在你眼前，看完了你不由惊呼，啊，原来电影是可以用这么真实繁琐的细节来表现主题的。

　　最近在院线上映的《小偷家族》，获得了今年第 71 届戛纳电影节主竞赛单元金棕榈大奖的提名。这部风格特别的犯罪家庭电影，讲述了一个令人心碎的故事：一个个原本毫无血缘关系的孤独旅人，为了共度艰辛生活而组成了一个奇特的家庭："奶奶"柴田初枝靠骗取养老金来维系这个家庭；"一家之主"柴田治则靠带着在游戏机房捡来的男孩祥太在超市盗窃为生；还有曾经杀死原来丈夫的"妻子"柴田信代；靠出卖色相挣钱的柴田亚纪；因为被父母虐待而被柴田治"捡"回家带养的小女孩百合。随着剧情的发展，观众慢慢看出来了这个彼此亲密无间的家庭成员之间原来根本就没有血缘关系。

这让我想起多年前做过的一个聋哑人盗窃案。

这些聋哑人往往是来自天南海北，他们平时在一起同吃同住，出去"工作"时很少一个人行动，基本上都是有组织的行为。男女间有来电的就同居在一起。群里有一两个领头人负责所有人的"工作"安排、费用分配等。他们出事了一般得不到家庭的支援，而且他们也很少去找本来属于自己的家庭，只是找自己的聋哑人朋友想办法。当然现实中的这类"家庭"是没法和《小偷家族》里的"家庭"相比的，他们快聚快散，彼此间的关系也不是电影里描述的那么亲密，但即便这样，他们对于彼此间的信任也远远高于他们对自己亲人的信任。

记得有一天前台打电话进来，说有一个聋哑人来事务所找律师。我到了接待室，看到一个坐立不安的女孩子在飞速地点击着手机。女孩子看到我进来，就开始向我比划手势，我笑笑摇摇头，她意识到了自己的错误也笑了，开始在纸上写字告诉我案情。

这是个很漂亮的女孩子，因为不会说话，所有的焦急和无助都从她那双美丽的眼睛里流露出来。当我在纸上报出了律师费数字，她的眼睛瞪圆了，写下了"为什么要这么贵"几个字。

我叹口气，写下了"你们可以出多少？"

她在纸上写下了一个数字。

我有点犹豫了。

我在纸上写下"你和他（嫌疑人）是什么关系？"

她写下"朋友"。

我写下"他家里人呢？"

她写下"他家里人不管他。"

她看我没接着写，又在纸上写了一串话，然后递给我。

上面写着："请帮帮我们，我们以后会感谢你的"。

后来这个案子判了一年。

直到多年后的一天，当我回想起她写在纸上的那句话"为什么要这么贵"时，我忽然意识到，她对于金钱的感知和我们非聋哑人的感知是不一样的，也许她觉得已经很多的钱，在我们非聋哑人看来远远不够，所以在她语境里的"贵"，和我们非聋哑人理解的"贵"是不一样的。除了金钱，对于这个世界其他很多事物的感知，包括对于血缘关系的认同，他们也和我们不一样。我们有的很多东西他们不可能有，他们无声世界里的呐喊，我们也永远听不到。我们不是一个世界的人，但却生活在同一个世界里。我们用了很多自己的规则和概念，来要求他们一起遵守，这对他们是不公平的。

回到电影吧。

因为"捡"回了被父母虐待的小女孩百合，这个小偷家庭引发了警察的注意而最终被抓捕。当警察问"妻子"柴田信代孩子们平时在"家庭"里是如何称呼她的，是"妈妈"还是别的什么，这个不会生孩子的女人流泪了。她问警察：

生了孩子就一定是母亲吗？

我想这也是是枝裕和要问的问题吧。

电影结尾，祥太知道了自己的身世所在，上车离开了从小带他长大的"叔叔"柴田治。汽车启动了，这个教孩子偷盗为生的男人在汽车后面追赶着，喊着祥太的名字。车里的祥太看着奔跑的柴田治，轻轻地喊出了"爸爸"这个词，这个柴田治一直想从祥太口里听到但从未听到的称呼。

（2018 年 8 月 15 日）

我砍的就是你

2018 年 8 月 27 日，在江苏昆山市，一宝马车强入自行车道行驶，并压白线逼停正常行驶的电动自行车，双方由此发生争执。宝马车主从车上拿出刀挥砍电动车主，不料刀不慎掉落，电动车主捡起反向宝马车主砍去，导致宝马车主伤重不治死亡。

好事网友搜索出死者平时微博和朋友圈信息，发现死者文身，平时喜好练武，再加之在车上常备砍刀，颇符合某地公安出台的黑社会人员鉴别宝典第 1 条和第 2 条。根据网上信息，电动车主目前已经被昆山警方控制。由于砍人视频已被广泛传阅，大多数网友都提出了自己的评判观点，压倒性的观点认为电动车主砍死文身男的行为是正当防卫。

很有意思的是，不少法律人对于视频的看法却相对保守，并展开了正当防卫还是防卫过当的讨论。本文在此不想就视频的细节展开学术研讨，而希望把案件放到更广阔的立法背景中去验视。

正当防卫在刑法中属于刑事责任阻却的一种，它与紧急避险、自助行为皆为私力救济的一种方式。在正当防卫的几个基本特征中，其具备的社会政治评价性应该是我国司法实践中对事实行为最为优先考虑的，虽然很多教科书长篇累牍地论证正当防卫的其他属性，以及中国刑法正当防卫与其他国家立法概念的细微区别，但对中国执法者而言，他首先要考虑的是判决对于社会稳定的维护功能。换言之，中国的执法者在判定侵害行为的即时危险性以及防卫者的防卫限度等因素时，相对比较保守，甚至可以说对防卫者要求非常严格，这种保守在刑事立法时就已经埋下了伏笔。对于一个强调公权大于私权、集体利益大于个体利益的国度而言，私力救济永远都只能是补充性的，而且必须被控制在狭小的范围内，有的时候甚至不惜以牺牲个体利益为代价，来维护公权的至上性。

经济改革带来的人民私权意识的觉醒，给传统的正当防卫概念和执法规则带来了强烈的冲击，但执法者的脚步显然还有点凌乱，跟不上民众对于正当防卫的新认识。2009 年的邓玉娇案中，湖北省巴东县法院判决防卫过当但有罪免处。同年的夏俊峰案中，被告人则没有那么好的运气，因为缺乏城管人员殴打夏俊峰的证据，其辩护人的正当防卫观点未被法庭采纳，夏俊峰被法院判处死刑。2016 年发生在山东聊城的于欢案，被告人一审以故意伤害罪被判处无期徒刑，经媒体曝光后，舆论大哗，2017 年 5 月山东高院认定于欢的行为属于防卫过当，改判有期徒刑 5 年。

在上述焦点案例中，我们可以注意到当下司法实践中执法者对于正当防卫的保守认识：虽然刑法赋予了被害人私力救济的权利，但这种权利不能被大力倡导和鼓励，尤其是在加害人被剥夺生命的情况下。

与我们的保守相比，美国司法实践中法官对于正当防卫行为的认识则比较开放，这种开放来源于美国宪法和宪法修正案对于私权的尊重，更来源于美国法律赋予了每位公民有持枪保护自己的权利。在1992年的日本留学生服部吉弘被杀案中，美国人菲尔斯就被法院以正当防卫判决无罪。

当然，要让我们的执法者秉持美国法官的正当防卫概念，来处理发生在我们国度内的防卫案件显然是不现实的。在立法车轮未启动前，在执法者（例如城管人员、部分执法纪律不足的警员）的执法意识未提高到相应高度前，对正当防卫的新认识都可能对公权带来严重的侵蚀，这种侵蚀甚至会推动其他法律条款的修改和原有法律体系的改变。而这种改变，也许是一些人不愿意看到的。

所谓蝴蝶效应，在法律体系中，就意味着一个案例的改判，一个新法规的出现，都可能导致法律体系的根本性变化。

回到这个装狠不成反被砍的案子里吧。根据洪律师的经验，本案中的电动车主很有可能仍被定性防卫过当，并且被判缓刑的可能性也极大。但如果考虑到死者文身以及随车带刀等情节，昆山法院可就有了一个扬名立万的机会了。

有时候，法治的进步不一定是"好人"促成的。

（2018年8月29日）

认罪认罚制度商榷

认罪认罚制度是新近修改的刑事诉讼法中一大亮点。不可否认，认罪认罚制度可以提高司法部门的办案效率，节约司法资源，但从律师的角度看，认罪认罚制度在实践操作中还有这些问题需要解决。

第一，需要对"认罪认罚"行为有进一步明确的界定。

认罪认罚制度在之前的司法实践中早有操作，新修改的刑事诉讼法可以说是对之前操作的一个书面确认。对于"认罪认罚"这一行为，不论在理论上还是实践中都有一定的争议，有的检察官甚至法官认为，被告人除了对事实要有客观的供述外，还必须对罪名有一个主观上的认知，必须认识到自己的行为是有罪的，否则就谈不上认罪认罚。这里的谬误在于，一般人对于法律的认知是达不到专业法律人的高度的，即便是专业法律人，对于罪与非罪、此罪与彼罪也往往会有不同的观点。所以对被告人而言，他只要如实陈述了自己的所作所为，就应该算是满足了"认罪认罚"的起点，至于对罪名的主观评判，那是控辩审三方需要解决的专业问题。

更为恶劣的是，在一些事实和证据明显有问题的案件中，控方往往以认罪认罚制度作为压迫和诱惑被告人的手段，来掩盖一些莫须有的或者证明力较弱的事实，导致形成未来的冤假错案。所以，对于"认罪认罚"行为，有司各部门非常有必要联合发文予以确认，否则就容易让初衷本来很好的这一制度南橘北枳。

第二，要避免认罪认罚制度被滥用。

按理说，刑法的"无罪推定"和"罪刑相适应"原则要求等待审判的人的人身自由权不被随意剥夺。在很多现代法治国家，审前取保是常态，审前羁押是例外。但在当前的羁押制度中，我国司法机关仍然大力贯彻"羁押优先"原则，将取保候审作为羁押不能的替代措施，对绝大部分嫌疑人（被告人）采取刑拘、逮捕等强制措施。有的地方甚至将羁押数字作为政绩考核指标。考虑到无法得到官方的正式数据，我在此只能采用某些民间的数据。根据有关论文提供的数据，某些地方取保候审的适用率仅为5%左右。

较低的取保候审适用率，导致大量犯罪嫌疑人（被告人）在审判前被限制人身自由，有的甚至在审判前即被拖延关押一两年。看守场所恶劣的居住环境对嫌疑人（被告人）造成的人身伤害和心理打击是巨大的，这就导致案件进入起诉和审判阶段后，控方（甚至审判方）可以以"认罪认罚"作为手中的王牌筹码，压制被告人低头认罪。

为保证认罪认罚制度的公正实施，一个较为可取的办法是降低羁押率。降低羁押率不仅可以降低羁押场所的管理压力，还可避免控方滥用该制度。此外，我们也可以参考其他国家的一些做法，把取保候审决定权从控方（包括警方）手里转移到法官手中，以保证被告人的"认罪认罚"是真正出自内心。

第三，要避免认罪认罚制度成为冤假错案的温床。

控辩双方如果在审判前无法达成诉辩交易，案件将被认真审理。但并非所有的公诉案件都事实清楚、证据确实充分，这一点公诉人心知肚明。有的案件一旦开庭审理就会面临失控的风险。但是，来自自身职业的要求以及官方的压力，又要求他们必须把案件"送出去"。这也迫使公诉人在承办案件事实和证据有瑕疵的案件时，使出浑身解数以恢复人身自由作为交换条件，让嫌疑人（被告人）低头认罪。更为可怕的是，在某些案件里，控方甚至在事实和罪名上故意加大对嫌疑人的指控，以此来加大认罪认罚的胜算率。

即便辩护人看出了案件事实和证据存在的问题和瑕疵，试图放手一搏，但对大多数嫌疑人（被告人）来说，被释放后与亲人的拥抱痛哭才是首选。大多数在事实和证据上有瑕疵的案件，就这样稀里糊涂地混过去了。案件最终就有了一个皆大欢喜的结局：被告人戴上了一顶罪人的帽子得到了想要的自由，公诉人得到了自己想要的有罪判决，法院也避免了在有罪和无罪之间进行痛苦的抉择。

但一些本来可能无罪的嫌疑人（被告人）却在自由的诱惑下，站到了罪人的队伍中，罪与非罪的界限越来越模糊了。

第四，认罪认罚制度是否剥夺了嫌疑人（被告人）理应享有的辩护权？

在现代刑事诉讼中，嫌疑人（被告人）所享有的辩护权应该是贯穿诉讼程序始终的。但在我国司法实践中，由于羁押优先的现状以及辩护人权利被多方限制的事实，辩护人在诉讼程序的前期几乎发挥不了什么实质作用；到了公诉和审判阶段，如果被告人选择认罪认罚，最后一点无罪辩护的空间也丧失殆尽。尽管新制度为此设立了值班律师制度，但这个值班律师能在多大程度上为被告人提供充分的咨询和辩护，也是个需要观察的问题。一个最基本的事实是，所有的羁押场所或者控方部门肯定是不喜欢劝告被告人做无罪辩护的律师的。

认罪认罚制度的立法出发点是好的，至少从表面上看，它是为嫌疑人（被告人）量身定做的保护机制，也提高了司法效率。但在我国羁押优先以及辩护人力量弱小的现状下，它却可能释放出巨大的破坏力，侵蚀诉讼法确立的辩护权、平等对抗和司法公平原则，维护着司法机关彼此间说不清、道不明的共同利益，把辩护人本来就不大的诉讼空间压迫得更加窄小。

（2018 年 10 月 31 日）

如何理解"办"

去过看守所的朋友都知道，不管哪个看守所，总会有些律师在旁边租个小门面，或者干脆就开辆车或者自行车停在路边支个牌子，拉出飞龙飞虎飞豹旗，号称专办取保候审、缓刑、免于起诉、无罪释放啥啥的，让墙外六神无主或者囊中羞涩的家属忍不住去找这些律师，希望能让墙内的苦主早点出来。

这些律师真有通天本领可以办取保候审、缓刑、免予起诉、无罪释放？

看你如何理解"办"这个字。办了没办好人依然关着是办，办了办好了人出来了也是办。

那么人出来的几率有多大呢？

没有一个律师会告诉你。

也不是律师怕坏了市场，律师的确找不到数据。这些数据估计公安部和最高法院手里有，但人家也不会告诉你。我只能根据自己的经验老老实实地告诉你，人能不能出来真不是律师说了算，人家真要放人，你律师不去递取保候审申请人家也放。

为啥？

因为审前羁押是我国司法实践中的常态。

审前羁押有很多好处：

一是高效。把人先关起来，警察讯问就简单了很多，想问啥问啥，想做啥笔录就做啥笔录。二是低成本。把人关起来，就避免了西方司法体系中那种羁押必要性审查，也省了我们这些狮子大开口的律师借此挣大钱，检察官省力，法官也省力，不用跟你律师花时间花力气瞎掰扯。三是体现司法威仪。以前有杀威棒，今天有看守所；以前有僧格林沁关死英国使者，今天有看守所让你玩躲猫猫。再尊贵的老大进了看守所待个十几二十天，无不想尽办法要出来的。

一句话，管你是虎是狼还是猫，最后在法庭上我都要让你承认自己是米老鼠。

这两天网上在疯传一篇文章，作者说自己在看守所天天看肥皂剧就已经要被逼疯了。给你看电视你还觉得被虐待了？你知不知道有的地方房间里必须大家三班倒才能睡觉？知不知道有的地方人都被关瘫痪掉？你这种软骨头，早生几十年被抓了肯定第一个叛变。这种文章还被疯传，可见新时代的人民真的是生活在蜜罐子里啊。

当然了，时代在进步，我们还需要不断地建设我们的社会主义法治。有人说孟晚舟在加拿大被保释，就是西方法治的优越性体现，因为在西方司法实践中审前取保是常态，审前羁押是例外，这样才能保证审判的客观。我看倒不一定，孟晚舟在我们这里根本就不会被抓，更不要说什么保释听证了。抓的是你，放的也是你，你以为我看不出你们演的是捉放曹啊。

看透了西方法治的虚伪，我们才能感受到我们法治的真实可靠。今天我们加入了国际人权相关公约，必须要履行相关的义务，那么对于犯罪分子就不能便宜了他们。考虑到人民的钱不能让犯罪分子白吃白喝，我觉得在法院没有判决他们有罪前，就把他们弄进看守所养起来是对人民极端地不负责任，尤其是当前打击 P2P，那么多的坏蛋都被关起来，得花掉人民多少血汗钱啊？他们骗了被害人第一次，然后还要安逸地在看守所里待着什么也不干，天天就是背监规，这对受害人是可忍孰不可忍！

还总有一些坏律师说审前羁押违反不经法院判决均无罪之原则，还说什么审前羁押造成控辩双方不平衡，还说有的嫌疑人在看守所待了几天后不管律师咋劝都不敢再做无罪辩护了，因为他们怕自己刚出来又被弄进去，还说有的检察官笑眯眯地问他们不想认罪了？想念看守所的木板床和马桶了？我看这都是扯淡的事情嘛，检察官、警察和法官跟你有仇咩？人家把你弄进去可以多发几块奖金咩？我们当下搞司法改革，难道还怕这样的律师折腾？我觉得可以给这些坏律师找点事情做做嘛，比如我们把审前羁押必要性交给法官来审查，你律师有啥子理由就提出来噻，我们社会主义法治难道怕你几个坏律师？

（2018 年 12 月 18 日）

律师朋友圈指南

出来混，总是要发朋友圈。既然是朋友圈，就要把自己最美好的一面展现给朋友。

律师也一样。

但凡是律师，都喜欢用朋友圈展示一下自己的专业才华和社交能力。参加了啥刑事辩护专业会议，上了啥涉外法律论坛，发表了啥仲裁主题讲话，或者到了某宇宙国与洋人学者讨论过最前沿的环保立法，或者和某河商学院的大拿同学合了影，一定要第一时间把自己的光辉形象发到圈里，最销魂的姿势当然是本人与各种名人或官员的合影，如果没法合影，也一定要在各种 logo 旁边留下自己专业而忙碌的光辉形象。

注意哦，拍照一定要正装——正式装的意思。

很多时候诉讼律师比非诉律师更能装。

诉讼律师做了某个法院的案子，喜欢在法院门口或者法庭里面留个影然后发到朋友圈，这有点那啥阿猫阿狗到此一抬腿的感觉。如果是感觉诉讼里受到委屈或者取得重大代理成果的，还喜欢成群结队在法院门口摆个古罗马士兵的一字线型阵，告诉客户我们律师就是牛或者我们律师啥都不怕。哪怕是被法警不小心撕破了裤子的，也一定要在法院门口把露出白肉的大腿雄赳赳地叉出来拍张照。法院咋了？法院就可以撕律师的裤子？你撕你的，我发我的朋友圈。

除了各种会议和诉讼，律师还可以把自己的科研成果发朋友圈，比如出了本书或者在法学核心期刊上发了文章啥的。但这种装的姿势难度较高且耗时耗精力，不建议作为常用姿势。

律师如果不太参加会议论坛讲座或者诉讼的，也可以用自己事务所背景装一装。比如本所又荣获2018BLA泛宇宙暨西太平洋最佳律所奖，或者草榴社区最佳专业大状奖。就像鲁迅先生说的，这世上没有不得奖的律所，只有不想得奖的律所。有了奖，就尽情地发到朋友圈吧。

如果嫌上面这些招数太陋，也可以另辟蹊径。比如趁人少时拍张事务所办公室的照片，在清晨七点或者晚上十二点发到朋友圈，或者在晚上九点发个盒饭的照片，以显示自己忙碌加班的敬业精神。或者整张机票或高铁票发到朋友圈，让客户看到你在祖国大地上飞奔的身影，但这种招数一定要注意保密，一定要把车票机票上的个人信息和目的地马赛克，万一弄巧成拙就麻烦了。

当然了，律师也是人，也有自己的业余生活，适当地把自己的业余生活放到朋友圈，也可以大大地忽悠一下客户和朋友。

有儿女的可以秀一秀自己的儿女，老婆长得可爱的也可以时不时秀一秀，让客户看看自己的小甜甜，让他们在不知不觉中感受到你的亲情和责任，这样可以起到事半功倍的忽悠作用。但这招也要慎用，尤其不要轻易泄露孩子的面容和其他信息，不然哪天被哪个绝望的客户盯上了就麻烦了。现在比较流行秀马拉松，但这个姿势也比较高难度，不建议作为普及姿势。秀健身的一定要注意拍照的角度和选择，自己能举十五公斤一定要拍个三十公斤的哑铃，拍训练服能拍始祖鸟的就千万不要拍迪卡侬；拍照一定要出汗以后拍，或者在训练服上浇点水，不然你的朋友看到了会觉得太假。另外，健身的图片不要天天秀，秀多了客户会嘀咕，这律师咋有这么多时间健身啊？那他啥时候办我的案子？

记住一句话，装也是需要知识和品德的。每月只有一万的收入就不要装十万的开销，一年三十万的收入就不要秀别墅。

旅游和美食也可以拉近自己和朋友及客户的距离，但不是所有的旅游和美食都可以往朋友圈秀。上海的律师千万不要秀自己到苏州、南京团建的图片，北京的律师也不要秀长城和十渡，再不济也得跑个一千公里以外吧，免得人家对你和律所的经济能力乃至业务能力有怀疑。至于美食也是同理，路边的烧烤啥的自己和发小默默吃就行了，没点什么米其林级别的，或者外滩几号的餐厅，就不要轻易往朋友圈发了。切记美食无小事，从一个人的吃相可以看到一个人的品德和能力。律师吃啥菜，就做啥业务。

如果遇到某个律师突然好久不发朋友圈了，一般来说可能会有几个原因：第一，死了；第二；成植物人了；第三，被抓起来了；第四，微信号被封了。前三个原因不在本文讨论范围内，对于第四个原因，提请各位同仁多加注意，当下第四种原因呈爆发式增长，所以切记敏感话题不要多发，黄色段子不要多发，多听多看多发笑脸，先保证自己比别人活得久。

最后说说大律师。

大律师很注意自己发朋友圈的节奏，发也是蜻蜓点水隔一两周发一两句话或一两张图片。既然做到了这个位置，朋友圈的营销意义就不大了，而且大律师很清楚朋友圈发多了容易失去别人对自己的神秘感，还显不出自己日理万机、忙忙碌碌的紧张生活。

所以，亲爱的律师朋友，如果你很少发朋友圈，恭喜你，你已经晋身大律师的圈子，或者至少有大律师的朋友圈派头了。

不发，才是装的最高境界。

亲爱的律师朋友，今天你装了吗？

（2018 年 12 月 21 日）

第二篇　讲一个动听的故事

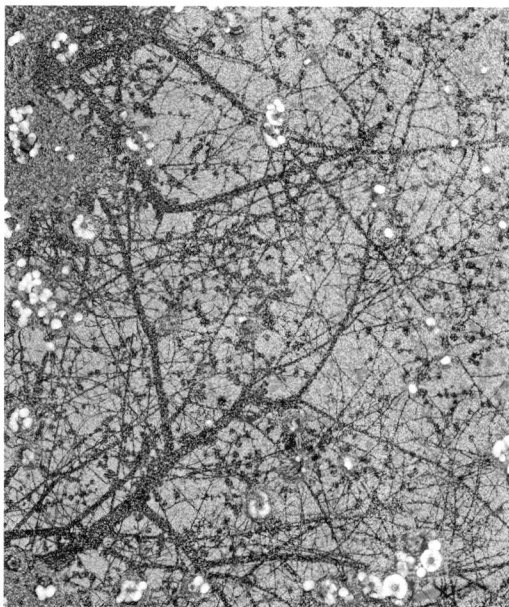

讲一个动听的故事

就张扣扣一案，围绕杀还是不杀的话题，控辩双方展开了激烈的交锋。前几天有个卖酒的朋友来问我如何看待这个案子，哥们儿卖的酒不错，今儿就写几句也算是回答我这个卖酒的朋友吧。

很久以前代理一个民事案件，我方证据匮乏，对方证据也不充分。法官说，你们双方就讲故事吧，我看谁讲的我更听得进去就判谁赢。

听起来很简单是不？给法官讲一个故事？

外行看热闹内行看门道，法官想听的故事可不是故事会里的故事，而是可以认定为司法事实的故事。这个事实，法官是要写进判决书的，一点儿客观证据没有他如何写？案件发生了，事实没法再像视频回放一样看得到，只能依靠后期搜集的证据来得出一个司法认定的事实，就是判决书认定的事实。

收集证据、研究证据并根据证据得出司法事实，这就是司法的过程。

律师在这个过程中做什么？就是从自己当事人利益角度出发，收集证据、研究证据，并根据有利于自己当事人的证据，帮助法官得出有利于自己当事人的司法事实。

这个过程就涉及律师的专业水平了。说一千道一万,要让法官听你律师讲故事,专业能力永远是放第一位的。刑庭法官心狠,你律师的辩护词可能会说哭旁听的观众陪审员甚至被告人,但法官心里却未必不是想着早点从这个该死的人造革的不透气的审判座位上下来去抽支烟、撒泡尿、回个微信。当然这个也不能怪法官,现在的法官基本都是专业化的,他们整体上的专业化程度甚至比律师还高,刑事法官一年一年又一年就办刑事案件,律师的口水和观众的眼泪他们见得多了,基本上不往心里去,往心里去了就没法再办案子。心狠未必不柔情,怜悯未必真公平。不管你律师是建制派、在野派、死磕派、温和派,上了法庭玩的就是业务能力,业务能力不行,再牛的派在法官眼里就是一个漂亮的苹果派。

打动法官靠啥?是法律功底和专业能力。上万字的辩护词法官不一定想看,陈词滥调的辩护发言他天天在听,但如果你指出某一份证据的有效性有问题,或者提出能动摇公诉人观点的观点,不要多,也许就一两个字,一两句话,法官就会把他的身子朝你倾斜过来。就像那些大师和徐晓东过招,摆那么多姿势有啥用?放倒大师也就是一拳。

啥?观众看不懂、听不懂?不好意思,我的辩护是为了可怜的被告人,最终被杀头、被剥夺自由的跟你们这些观众有毛关系?

有了强大的专业能力,就一定会做好每一个案件?当然不够,这里还有经验。这些经验,是需要在法庭里靠坐肿的屁股和干燥的口水熬出来的,不然当事人尽可以去请学校里的博士和各种老师了。

公检法司每天多如牛毛的法律文件你学会了就可以做一个好

律师？当然不是。司法实践中的各种潜规则你需要去了解。潜规则的形成有很多原因，不能讲但凡是潜规则就一定是坏的。为啥课本上讲疑罪从无在实践里变成了疑罪从轻？为啥律师们提的那么多排非要求法官都不答应？这就需要你去了解我们的司法体制，了解法官的在职现状，甚至他们的收入、他们的岗位考核对他们的影响。

要谈司法改革，先得了解司法的现状和成因。

张扣扣律师的辩护词写得很煽情、很动人，但是法官想都不想马上就判了死刑，这能说律师不行吗？当然不是。有的案子，真是巧妇难为无米之炊，说张扣扣律师不行的可以自己模拟一下，如果你是这个案子的律师你会怎么做，你就一定比他们做得好？一沙一世界，一案一套路，根据个案情形来决定采取什么样的辩护策略是很重要的。水无常形兵无常势，当事人一定要清楚自己案件的原委，要清楚自己所处的环境和形势，并要想清楚自己准备为了自证清白需要付多大的代价，以及请律师想达到的目的。不然，花再多的钱请再牛的律师也没啥用。

说到底，辩护人在法庭上的常规目标是打动法官那僵硬的灵魂，讲一个法官想听的故事，让他那麻木冷血的心灵为你的言语哆嗦一下。讲观众想听的故事当然在一些案件中有用，但这种套路属于偏门旁技，用之不当则帮衬了公诉人，用好了也说不定一辩成名。感觉常规手段没啥用时，倒也可以一试。

俗话说的砒霜再加二两。

（2019 年 1 月 11 日）

每一个时代法律都该有所进步

　　继"昆山龙哥案"后，新近热议的"福州赵宇案"和"河北涞源反杀案"，进一步凸显了司法界对于"正当防卫"原则适用尺度的急剧转向，先前沉睡的私力救济原则正通过一个个热点案例被唤醒。

　　在一片欢呼声中，我们需要更加冷静地面对规则的急剧改变。为什么"正当防卫"原则之前一直被谨慎对待？而现在的急剧转向是否会导致私力救济对司法公权的负面冲击？正当防卫除了可以适用于加害人龙哥、王磊、李华这样的与防卫人于海明、王新元、赵宇等处于同一社会阶层的成员外，是否还可扩展到别的情景中，比如普通公民针对一些公职人员超越权限实施的加害行为（例如动迁、城管等常见的行为情景）所采取的防卫措施？

　　在"河北涞源反杀案"中，被害者王新元一家在案发前多次报警，警方也多次对采用言语威胁的王磊予以训诫，但仍然未能阻止王磊最后的破门入室直至被反杀。从现有信息分析，警方根据刑法和治安管理处罚法等行使公权过程中并无不当，但很显然公权在保护公民的力度和及时性上都是有限的，如果王新元一家不想做待宰的羔羊，那就只能拿起武器自卫。中国是禁枪的国度，同时也是一个国家管控非常严格的国度，对于正当防卫这样的法律原则，历史上不提倡、不鼓励未尝不是国家管控的题中之义。"昆山龙哥案""河北涞源反杀案"等这些案件如果放在非互联网时代，能否被打造成经典案例还很难说。

在课堂上和法庭上高谈阔论法律原则是非常容易的，但在司法实践中，司法者还必须要考虑更多。判决书的首要任务看上去是还原案件真相并得出法律上的结论，但判决书对于价值观的引导作用才更具有历史意义。每个案件的判决结果都不是十全十美的，司法者在维护主流价值观的同时，必然要舍弃一部分。一份判决的伟大之处并不在于结论的正确（当然结论正确是第一要求），而在于该结论所弘扬和肯定的价值观和历史潮流。伟大的判决不是司法者闭门造车弄出来的，而是源于民众的历史性要求。当民众开始意识到自己的权利被沉睡并且需要行使自己的权利时，司法者就应该顺应这样的历史潮流，而不能为了国家的维稳管制就置日益上升的民众权利意识于不顾。"昆山龙哥案""福州赵宇案"和"河北涞源反杀案"貌似是司法者对于正当防卫原则认识上的突然转向，但如果我们细心地考察一下当下民众权利意识上升的大背景，就不得不承认，是众多民众的关注和舆论造就了这些典型案例的传播。

这些案件树立起来的"正当防卫"新原则，在短期内是很难梳理出其历史意义的，在未来可能发生的公民个体对抗来自国家或者强权机构不正当行使公权力的案件中，"正当防卫"新原则是否依然适应，是否依然侧重保护正当防卫者个体的权利，而不是在乎加害方的公权背景，也许才是当下这些案件的真正历史意义所在。

1961 年 6 月 3 日，美国佛罗里达州巴拿马市的海湾港桌球室发生了一起盗窃案，流浪汉吉迪恩被检方指控为行窃者。贫穷的吉迪恩无钱聘请律师，要法院指派律师的请求也被驳回，他被判处五年有期徒刑。后来在狱中，他向联邦最高法院提出了申诉。而在此之前，对于穷人是否有权利被指派律师这一问题在美国司法界也有巨大的争议，但美国是判例法国家，很多案子中法官都会援引先前生效的贝茨案来驳回上诉人因没有律师辩护而进行的上诉。不过这一次，吉迪恩成了压垮骆驼的那根稻草：最高法院在废止贝茨判例的问题上达成了高度的一致。法官们一致认为，在刑事案件中，律师是一种必需品，而不是一种奢侈品。任何一个被拖入审判而无力聘请律师的被告人，在没有律师的帮助下都不可能得到公平的审判。

吉迪恩案件重审后，吉迪恩无罪获释，这时他已经在州立监狱关押了两年。吉迪恩案后来被评为美国宪政历程上影响美国的25 个司法大案之一。吉迪恩去世后，他的墓碑上刻着他申诉状里的一句话："每一个时代法律都会有所进步。"

权利不是写在纸上的，权利需要一个个认真的公民、一个个坚持不懈的律师去争取去搏斗。骆驼再大，也有最后一根稻草可以压垮它。

（2019 年 3 月 5 日）

苗泽之死

　　《三国演义》第五十七回里有这么一段：苗泽与姐夫黄奎的小妾春香暗通款曲，为了让爱情有个光明的结局，苗泽向曹操检举了黄奎与马腾的反曹阴谋，结果马腾和黄奎被满门抄斩。曹操问苗泽想要什么，爱情至上的苗泽说我只要小妾春香。想不到曹操却笑道："为一妇人，害了你姐夫，留此不义之人何用"，下令把情圣斩首。

　　为了私利检举亲人师长，是动物生存本能。犹大告密干掉了耶稣，让犹大成了告密者的代名词。苏格拉底就认为"告密者不配称为人"，不幸的是他也被告密者干掉。中国的告密者更是层出不穷，崇侯虎举报周伯昌，沈括检举苏东坡，直到20世纪60年代的各种父子相残、夫妻反目。举报和告密是统治者惯用的驭民术，然而一旦举报成了常态，就会威胁到统治者的统治。为了防止举报成风威胁到统治者的统治，就出现了"亲亲相隐"这一制度设计。曹操杀了黄奎，回过头又干掉了苗泽。明朝的朱元璋显然没读多少书，不明白告密无底线这一道理，他搞了锦衣卫和东厂，太监们又搞了个西厂，大家成天就忙着告人和防止被人告、整人和防止被人整、打小报告和防止被打小报告、抄家和防止被抄家。局势一旦失控就让整个王朝完蛋，后金打进来没几个官员替大明卖命，崇祯再苦再累也得吊死在煤山的老脖子树上。

就因为告密无底线，有的时候还会威胁到整个利益群体的利益，所以在和平年代，聪明的统治者对于告密是有保留地鼓励，对于告密亲人师长这类行为是不鼓励的；而在战争和类战争状态下，告密者在所有的利益群体里都是必须被消灭的对象。黑手党会毫不客气地消灭违反"乌默它"规则的成员，拉丁美洲的毒贩会对自己队伍中的叛徒大卸八块。

前不久看到一个法治新闻，讲某著名检察官如何用"人道"的手段让嫌疑人家属反水，站出来检举自己亲人一些未被侦查机关掌握的犯罪事实。该检察官还以此作为经验向同行宣传。虽然在司法实践中的确有不少侦查机关利用嫌疑人的亲情作为推进案件前行的手段，但看到这个新闻我仍不由得有点反胃：你干这事可不可以把窗帘拉上？

在今天的现实生活中，相信每一个司法人员心中都有这么一个"曹操"：既希望所有的罪犯家属可以反水，把司法机关没有掌握的犯罪事实和线索都提供出来，帮自己破获案件加官晋爵。但从自身的人格层面，对于这样的告密却又有着潜意识的厌恶和不齿。鼓励检举和揭发尤其是亲人间的反目，会夺走我们在这个赖以生存的世界上的最后一丝温暖。当身边的爱人和亲人都可能是你的检举者时，这个世界还有什么信任和依靠可言？当鼓励或者依靠告密的司法者们为没有他们征服不了的被告人或者嫌疑人而倍感自豪时，他们当中的一些聪明人也会越来越感受到深入骨髓的绝望：这个世界再没有什么值得信任的人或者物，包括他们自身和他们的亲人。

也有的司法人员在办案时，依然还保留有一点人性中的温暖，他们在办案时如果遇到嫌疑人一家都可能入罪时，也会手下一滑，放过嫌疑人家庭中的老弱妇孺，要么不会逼着他们检举自己的亲人，要么干脆就把可能被牵连的他们直接放过。这些司法人员，显然是不可能去向同行交流自己的软弱经验的，然而这些人性中的温暖，却在长夜的黑暗里熠熠生辉。

如果我们把外面的光鲜包装撕去，法律这玩意儿其实就是社会成员达成统一意见的规则，规则看上去好像是为了维护公平和正义，但公平和正义永远都不是法治的最终目的，他们所服务的其实是利益。举报和告密这种龌龊事情，作为维护利益的工具当然必须有，但利益是有边界的，利益的博弈如果无法平衡，如果滥用举报和告密到无底线的程度，那就有大麻烦了。

（2019 年 4 月 5 日）

审判秀

  1938年3月某个阴沉的日子里，在莫斯科工会大厦的十月大厅里，国家公诉人维辛斯基就布哈林等人叛国案正在总结陈词："这些被告，就像疯狗一样，请求法院判决这些血腥的狗强盗死刑，一个也不能放过。被告唯一的用处，就是作为粪便洒在苏维埃大地上。而在我们的头顶上，在我们幸福的国家的上空，我们的太阳将依然明亮而喜悦地闪耀着它那灿烂的光辉。我们，我国人民，将继续在我们亲爱的领袖和导师——伟大的斯大林领导下，沿着清除了旧时代最后的垃圾和污垢的道路前进。"他咆哮道："我们整个国家，不论老幼，正等待和渴望着法官作出公正的裁决。"结果并不出人意料，观众几乎和他一起高呼："向敌人出卖我们国家的叛国者和间谍，必须像恶狗一样被枪毙掉。"

  被告席上的人们，面对苏联国家公诉人的指控，无不低头认罪。坚持了很久的布哈林最终还是把自己送到了行刑者的刀刃下："……一切在苏联闪耀的美好事物，让人的心灵展开了崭新的向度。归根结底，就是这一点使我彻底解除了武装，使我向党和国家屈下了我的双膝。"

  相信对于不少法律人来说，维辛斯基这个名字并不陌生，师承苏联社会主义法律的新中国法律，里面就有维辛斯基的贡献："刑法是阶级斗争的工具，口供是证据之王；法是以立法形式规定的表现统治阶级意志的行为规则和为国家政权所认可的风俗习惯和公共生活规则的总和，国家为了保护、巩固和发展对于统治阶级有利的社会关系和秩序，以强制力保证它的施行……"听起来很熟悉？是的，这就是当初斯大林所赏识的苏维埃社会主义法学家代表维辛斯基的理论精髓。

大多数参与对老布尔什维克官员、红军将帅进行审判和执行的法官、检察官以及克格勃官员，在之后不久即被斯大林清洗灭口，而作为苏维埃社会主义法学代表的维辛斯基，则变身为苏联驻联合国全权大使，1954 年因冠状动脉血栓症发作死亡。

每场审判都讲述着一个故事，不过 20 世纪 30 年代莫斯科上演的审判秀讲述了血腥的历史。在此期间，130 万人被判刑，其中 68.2 万人遭枪杀。斯大林通过让敌人背诵他编造的说辞，来确认他的世界观。被审判者为了保全自己的理想或家人而认罪，却因此摧毁了理想，也没有保护住家人，这反映了斯大林时代整代苏联人的命运。

而在同时代的德国，独裁者希特勒正在崛起。德国在一战的失败以及一战后经济的萧条，给纳粹的崛起创造了积极的条件。当时德国的法官集团，除了少数被清洗的以外，整体上都没有对纳粹的崛起做抵抗，而且还积极为纳粹的上台保驾护航。

1924 年 2 月 24 日，对希特勒叛国罪（啤酒馆案）的审判在慕尼黑布鲁登堡街一所特别法庭里举行。滔滔不绝的希特勒向法官们阐述了他的政治理想，他说，他的良心在涉及犯罪的问题上是清白的，他的目标是推翻一个罪恶的政府："先生们，你们是不能对我们做出判决的，即使你们一千次地发现我们有罪，历史的永恒法庭的女神将微笑地撕毁原告的起诉书和法庭的判决书。"

德国巴伐利亚司法系统对于纳粹党人是非常友好的，法庭对他判决了六个月后可以假释的五年徒刑。希特勒在兰德斯堡要塞服刑时，用口述的方式写下了《四年半对谎言、愚蠢和胆怯的斗争》，后来他的出版人将书名压缩为《我的奋斗》。

1931年5月8日，德国高等法院开审著名的埃登舞蹈宫案（纳粹冲锋队员伤人案），希特勒作为证人被传唤出庭。一名年仅27岁的青年律师将希特勒盘问了三个多小时，令他狼狈不堪，暴露出纳粹党高层对当时德国多起纳粹冲锋队员所涉及的暴力犯罪不仅知情，而且还一手指挥的真相。在法官的庇护下，希特勒得以逃过律师的继续深入追问，避免了纳粹党鼓吹种族灭绝、社会屠杀等教义过早暴露在世人面前，也没有因为证词中诸多谎言和漏洞被依法追究伪证罪。希特勒次年成为德国总理，并于1933年通过"国会纵火案"，终结了魏玛共和国时期的德国公民权利，逮捕了一大批有所谓共产主义嫌疑的政界、文化界、法律界人士，其中就包括那位让他险些下不来台的律师。

这位年轻的律师叫汉斯·利滕，他后来在集中营里备受党卫军折磨，去世时年仅34岁。但如今，他已经成为德国律师的代名词，德国律师协会以及德国律协所在的街道都以他的名字命名。

作为当时世界上专业素质最高的法律人群体，德国法官在为纳粹势力服务的时候，也丝毫不忘"以法律为准绳"，通过"巧妙的法律解释"，抛弃、废止旧时代的魏玛宪法，有选择性地适用纳粹势力颁布的几部法律，例如《民族与帝国紧急状态排除法》《保卫人民与国家法令》《反对背叛德国人民与一级颠覆活动法》等，授权纳粹政府剥夺公民的个人权利——包括个人自由、住宅不受非法搜查、通信秘密、言论和集会自由、结社权甚至私人财产权等。受过良好法律训练的人一旦丧失了良心，其作恶的危害性更大。因为这些法官能通过精细而令常人难以反驳的方式，盗用正义和法律的名义，对"罪恶"做乔装打扮，最终使得乾坤倒置、正义和公平荡然无存。

到纳粹时代结束时，德国法院一共判决了 8 万人死刑，并且80% 的判决都执行了。即便这样，纳粹政权对于这样努力满足其目的的正式法庭仍然很不满意，还在其之外建立了特设的法庭以回避正式程序。其中，最臭名昭著的莫过于"国民法庭"。在这个法庭上被审判的被告，不用经过严格的程序，就能被随意地抓起来。比如，有些人可能只是在晚餐上和朋友的母亲谈了些讽刺德国独裁者的话，就被判处死刑。从 1934 年至 1944 年，被"国民法庭"判处死刑的就有 8 000 多人。盖世太保们甚至对此还不满意，他们往往等候在法庭的外面，一旦法庭实在找不到法律的理由最终宣告当事人无罪，他们就直接把被告抓走，然后让其消失得无影无踪。有鉴于此，很多人都更希望被法庭判为有罪。

在世人的心目中，法官是法治的维护者，法律人凭借着高深的专业素养和法律伦理，维持着这个社会基本的正义和公平。然而，30 年代苏联大清洗中苏维埃法律人员扮演的角色，二战时期德国司法官员对纳粹的助纣为虐，却给我们带来了深深的疑问：正义和公平，真的是审判的最终目的吗？

纵观人类审判史，从最早的来源于神意，到探索犯罪者心灵秘密的大陆纠问式审判，以及由外行参与的英国陪审团式审判，无不体现人类的道德观、价值观和司法制度的本质。审判毫无疑问有展示审判者权力的一面，但另一方面，民众的参与也限制了司法权的滥用。尤其是在当代西方国家，在分权制和多党制基础上建立起来的独立的司法系统无疑赋予了当事人最大限度的司法权利。无论是苏联还是二战时的德国，司法系统在黑暗背景下的沦陷是毋庸置疑的，或者说，司法系统存在的目的都值得认真思索。

也许维辛斯基的座右铭能真实地反映当时绝大多数法律人的内心信条："我从不相信抽象的正义。"服从当时的威权，苟且地活下去，甚至不惜充当独裁者的帮凶，才是当时绝大多数法律人的第一信条。他们为了自己的苟活，可以让嫌疑人得不到律师的帮助或者遭受刑讯逼供或者长期隔离关押；可以以嫌疑人亲人命运为要挟让其认罪；甚至不经公开审判即判决被告人死刑并秘密执行。然而身在当时的人们，又何尝怀疑过自己做出这些决定的合理性？或者即便想到了不正当性又有几个有勇气脱离现实？

历史，往往不是你以为的当下。

本文参考书目：

《恐怖的法官——纳粹时期的司法》，（德）英戈·穆勒，中国政法大学出版社 2000 年版。

《质问希特勒——把纳粹逼上法庭的律师》，（美）本雅明·卡特·黑特，北京大学出版社 2014 年版。

《纳粹德国　一部新的历史》，（美）克劳斯·费舍尔，凤凰出版传媒集团 译林出版社 2011 年版。

《审判为什么不公正》，（英）萨达卡特·卡德里，新星出版社 2014 年版。

（2019 年 4 月 26 日）

刑事辩护律师的梦想

继广东高院法官打断辩护人发言的信息热遍朋友圈后，银川中院的一则抖音又刷遍了法律人尤其是律师的朋友圈，伴随着法官"走，带出去"的高扬的清唱，正在发言的可怜的律师被几个五大三粗的法警带出了法庭。

看律师不顺眼，打断律师发言，这情形在刑事法庭上常看得到。如果律师唠唠叨叨，说不到重点浪费大家时间，法官心里不爽，打断律师也是正常，法官毕竟是法庭上的王者嘛。有一次开庭，旁边被告人编来编去编不过了就抬眼看自己的律师，法官马上说看什么看，你以为你的律师是你救命稻草？搞得旁边这律师一脸尴尬。心里不由想自己当初做法官时有没有这样调侃或训斥过律师。

也许有过，但把律师赶出法庭这事还真没干过。

虽然都是法律人，但大家立场不一样。律师想着如何救自己的当事人，法官想着如何给出一个客观公正的判决。俗话说外行看热闹，内行看门道，素质高的法官往往经过了法庭调查心里就清楚案件的未来走向了，辩论阶段他更多的是在欣赏辩护人的口才；而水平高的辩护人并不是靠声音和时间取胜，一剑封喉才是重点。好的律师一定要明白法官在想什么，案件的关键点在哪里，如何找出法官没有注意到的问题和瑕疵。

但这些都是理想状态下的法律人关系，现在的问题是，律师在法庭上越来越没有说话的空间。重点案件的律师明里暗里官方指派；一些案件的律师在开庭前就被谈话；很多地方甚至连律师做无罪辩护都要求向司法部门报备；律师在法庭上说话唯唯诺诺，小心谨慎，怕一不小心又碰到人家的敏感点。前几年大家还兴高采烈地说说法律人共同体，现在貌似也不提这个概念了，提出来都有点害臊。

其实哪怕装装样子，也该让律师在法庭上说两句嘛。这些把律师赶出法庭的法官，显然没有领悟社会主义法治建设的精髓。但很多时候你真的不知道民主是不是真民主，独裁是不是假独裁。当初的北洋政府和国民政府貌似没有把律师从法庭上赶出去的记录；纽伦堡审判不是丘吉尔和罗斯福倡导的，而是斯大林提出来的；东京审判上也有律师为日本人做无罪辩护，最后不也把几个主犯都绞死了？

昨天晚上做了个梦，梦到一个案子里公诉人在法庭上夸夸其谈，法官想上厕所也来不及，打断了几次。公诉人还在说话，法官于是大喝一声，法警来，把这个公诉人给我叉出去。

我一下子就笑醒了，听到楼下几个晨练的老头正在吵架。

刑事辩护律师的梦想啊。

（2019 年 5 月 19 日）

杀死黄一川

今天上午，上海一中院公开宣判"6·28"浦北路杀害小学生案，以故意杀人罪判处被告人黄一川死刑，剥夺政治权利终身。审理查明被告人黄一川自认为遭到他人伤害，遂欲杀害无辜儿童泄愤。2018年6月28日，黄一川携带刀具到该校附近伺机作案，尾随砍杀小学生及家长4人，致2人死亡2人轻伤。黄一川行凶后被当场扭获。经鉴定其患有精神分裂症，法院认为其精神疾病对其作案时控制自己行为能力没有明显影响，遂做出以上判决。

在法院判决说理部分，用了"犯罪动机极其卑劣，犯罪手段极其残忍，犯罪后果极其严重，社会影响极其恶劣"这四个"极其"，这在法院判决中是比较罕见的。

从2006年7月15日陕西的邱兴华案，到2016年四川师范大学大一学生芦海清被室友滕某残忍杀害案，再到近期刚被执行死刑的陈建湘案，以及上海世外小学杀人的黄一川案，可以看到法院对于精神病人犯罪案裁判口径的变化轨迹。

在邱兴华案中，虽然不少专家和学者对邱兴华的精神状态提出了异议，但由于邱兴华用刀斧砍死10人，还将其中一人心肺掏出下锅炒熟，情节极其骇人听闻，陕西高院于2006年12月28日以故意杀人罪对邱兴华裁定执行死刑。

在近些年涉及精神病人犯罪的焦点案件里，法院越来越注重辩护人提出的审查被告人精神状态的辩护意见。在四川师范大学学生滕某杀害芦海清案里，一审法院就采纳了辩护人意见，留了滕某一条生路，判处死刑缓期两年执行。

而在陈建湘案里，法院却没有采纳辩护人意见，对杀死两人的陈建湘判处死刑。

综上，我们似乎可以揣摩到法院对待限定刑事责任能力精神病人犯罪的态度：如果后果不是特别严重的，法院可以考虑留有余地地判处，比如偶发性、突发性杀人；但如果后果非常严重，社会影响极坏的，比如死亡多人、杀害司法人员或公职人员、杀害未成年人等，法院可能就不再考虑从轻或减轻，虽然《刑法》第十八条有从轻、减轻的明确规定。

那么，对于经司法鉴定认定为完全不负刑事责任的精神病人是否判处强制医疗呢？

至少到目前为止的所有热点案件里，我们还没有看到相应的判决。换句话说，我们在热点案件里还没有看到被告人被认定为完全精神病人而不需承担刑事责任的。

根据中国国家卫计委 2017 年 4 月公布的数据，截至 2016 年底，全国登记在册的严重精神障碍患者达到 540 万例。在美国，如果某人被确诊为精神病患者，就会自动纳入美国医疗救助的范围，由政府全部买单。而在中国，精神病医院仅有能力对约不到 1/4 的部分提供正规的精神病医疗服务。中国对精神病人的社会帮助，仍局限于"先救治、后援助"的传统模式。或因精神病人重症难治、或因精神病院自身条件所限，一旦精神病人遭医院拒绝收治，有关救援站则往往亦会顺承"逻辑"地拒绝援助，导致有的精神病患者流浪街头，有的无人看管，埋下了滋生公共安全危险的种子。

在当前精神卫生医疗条件不足的前提下，法院判决强制医疗需要后续部门的配合。如果后续部门不能跟上，法院的判决就成了无法履行的判决，给法院带来难以下咽的苦果。在后续部门配合不到位的情况下，司法判决直接用自由刑或生命刑的方式也许是更具有操作性的。

另一方面，精神病人犯罪的后果往往都比较严重，社会影响极其恶劣，如果不给与严厉的处罚，对于受害者及其亲属来说也是无法接受的，这对法官来说也许是此类案件中首先要考虑的因素，即刑罚的安抚功能。至于死刑的废除等概念，连法律人之间都有激烈的争论，处在司法前沿的法官更是不敢把自己放在火炉上烤了。

但这样的保守判决存在一个很大的悖论：既然精神病人不是常人，那他们犯罪和杀人的手段也往往超出常人的想象，他们造成的后果往往都比较惨烈，一般常人无法忍受对他们处以相对宽松的判决，这也导致法官的判决比较严厉。换句话说，对限定责任精神病人的从轻、减轻处罚也许完全看精神病人的运气：病轻一点杀的人少一点也许法官就饶你不死，但如果杀得太猖狂那么也离死不远了。

判决了精神病人黄一川死刑，会让潜在的精神病人惧怕法律的报复，并进而阻止他们再次杀人吗？

（2019 年 5 月 23 日）

看守所还能关多少人

　　两年前我写过一篇文章，叫《让看守所的人犯有点人样》。这两年过来，律师去看守所会见当事人越来越难，被关押者的处境不仅没有改善，反而在恶化，忍不住又要重拾这个话题。

　　中国人是从不把牢里的人当人看的，这是几千年流传下来的传统。如果不信的，可以去找找有关中国监狱史的书来看看，或者看看古典文学里对监牢的描写。在未割地赔款、出让租界、出让领事裁判权之前，中国人不单对自己人狠，对洋人也毫不见外。

　　近代化的监狱和看守所是随着西方殖民者的入侵而建立起来的，比较有名的例如位于上海的原英国人管理的上海公共租界工部局华德路监狱，即提篮桥监狱，1903年第一幢楼竣工并投入使用，该监狱的建设和管理都是非常近代化的。我去大连出差时，曾去关押和处决过朝鲜义士安重根的旅顺日俄监狱看过。该监狱位于大连市旅顺口区元宝房，它由沙俄始建于1902年，1905年日军占领旅顺后接管并扩建了监狱。这些侵略者的监狱虽然对国人来说是屈辱的印记，但平心而论，比起清朝的大牢甚至后来民国的监狱，这些监狱的硬件设施和管理体系都是更先进的。

　　清朝以前，我们没有看守所这个概念。清末改革司法，始于各级审判、检察官署设看守所，置所长、所官等。所长官秩，最高为总检察厅看守所的从五品，最低为京师地方审判厅的从六品。地方检察厅仅设所官，正九品。民国沿置，各级看守所均有所长，均由政府委任。改革开放以来，随着法治建设的加速，各地的看守所建设也更加正规。

一般说来，看守所的建设都是按照特定人口比例和犯罪率规划的。对于看守所的建设管理，不论国际条约还是国内法规，都有一些硬性指标。1957 年联合国制定的《囚犯待遇最低限度标准规则》（Standard Minimum Rules for the Treatment of Prisoners）是联合国关于监狱问题的最系统和最详尽的重要法律文书。该规则规定：监狱应具有良好秩序，不存在对生命、健康和身体完整的危险的地方；监狱是对任何囚犯都不存在歧视的地方；被法庭判处监禁本身就属于一种折磨人的惩罚，监狱的条件不应加重这种固有的折磨；监狱活动要尽可能围绕囚犯重返社会这一中心目标进行，监狱的规章制度应有助于囚犯适应和重返正常的社会生活。

就国内法规来说，目前有《看守所条例》和《看守所条例实施办法》等法规，这些法规给予在押人员的权利，明显是低于联合国《囚犯待遇最低限度标准规则》的，比如在押人员与家属的会见／通信权、律师自由会见权等在实践中都无法完全保证。随着近几年打击金融犯罪活动的大规模铺开以及扫黑除恶运动的开展，在押人员最基本的生存权利也被蚕食：原有的《看守所条例》规定了人犯每天享有一至两个小时的室外活动时间，但随着看守所的人满为患和警员不足，这一规定往往在实践中无法执行；大多数看守所都禁止人犯阅读书籍杂志；不少看守所房间人满为患，很难达到《看守所条例实施办法》规定的人均二平方米的最低要求，人犯在大通铺上睡觉翻身都困难，一旦气候变化就容易引发疾病迅速传染。

我接触到的最极端的案例，是在押人员告诉我，他们房间里被关押的人员必须三班倒才能在大通铺上有个位置紧挨着睡觉。

一个犯罪嫌疑人在这样的场所可以被合法关押多久？根据《大邦法律评论》吴步达律师对我国《刑事诉讼法》的归纳，答案是13年，甚至是无限期。

在此背景下，孤独的人犯往往被迫忍受精神上和肉体上的双重折磨。有的案件里，办案人员甚至利用此状态来推进辩诉交易或强迫认罪，引诱或逼迫在押人员做出对自己不利的决定。我们一方面在纠正以前的冤假错案，让群众感受到公平正义；另一方面又在不经意地制造新的遗产，给后来者加官晋爵。这一路下来，滴答的都是人犯的泪水和心血，法治的道路就是这样周而复始。

但换个角度看，造成看守所人满为患、条件恶劣的根本原因不在看守所本身，毕竟没有哪个司法警察愿意管理太多的人犯，除非他有权利抓人且可从中渔利。是因为犯罪的人突然多了吗？那为什么在特定时期某些特定类型的犯罪会暴增呢？就算是罪犯增多了，为啥不可以大规模适用开放性羁押比如取保候审、监视居住这样的措施？是因为这样做就会侵蚀到司法机关的威权和诉讼优势？

不过，但凡涉嫌犯罪了都要塞进看守所，会不会"赭衣塞路，囹圄成市"？

（2019 年 6 月 21 日）

以法治的名义

有一天在某区看守所会见当事人，早上七点半去排队只领到第 100 号，乌泱泱的一大群律师在烈日下老老实实地玩着手机等着保安发号登记。好不容易在上午最后一批抢进了会见室，才和客户说了十多分钟，里面的保安就进来二话不说打开枷锁要把人拎出去。我说你慢一分钟最后说两句啊，至少还要签字啊急什么急。保安有点不好意思说没办法，这里关的人已经超五千了，我们天天忙得要死。

最近一两年，看守所关押人数急剧上升，这一点从律师会见越来越难就可以印证。被关押人员数量的暴增揭示了一个我们无法回避的事实：在高调宣扬法治建国的同时，我们也许进入了新的严打期。

20 世纪 80 年代的严打，对于当时社会治安的改善的确起到了一定的作用，但对于刚刚起步的法治正规化建设的冲击也显而易见。无罪判罪、轻罪重判的情形不可谓不多，严打风暴里的司法机关，在政治任务的要求下无法完全按照法律规定履行自身职责，只能削足适履，为运动而运动。严打运动留下的工具特征后遗症，经过了十多年的纠偏才逐渐有所好转。

与 20 世纪 80 年代重点严打暴力和治安型犯罪有所不同，这次的"严打"重点是经济犯罪和贪腐渎职犯罪，近期又增加了"扫黑除恶"的内容。实践中较常见的罪名是非吸、各种类型的诈骗、贪污受贿和涉黑类犯罪。所谓风雷涌动，泥沙俱下，这一新严打大潮中又有多少被告人会成为时代的牺牲品？我们会不会在为原来的冤案平反的同时，又为未来的最高法院留下年度业绩报告的遗产？ P2P 案件作为当初金融试点的失败后果，却让司法部门来买单，这种吃力不讨好的做法，实际上成了转移很多社会矛盾屡试不爽的新途径。只要通过正常社会渠道和经济管理手段解决不了的问题，就交由司法部门来处理，而最方便的办法就是动用刑事手段。然而最关键的问题是，刑事手段并不能从根本上解决矛盾，大规模地动用刑事手段有可能还会激化矛盾。

在新一轮的严打大潮里，出现了很多只有三十多年前才可能发生的状况。有的地方上级部门明里暗里给下面下办案指标，导致司法部门滥捕错捕，看守所和监狱人满为患。扫黑除恶运动里，中、基层公检法人员成为审查对象，司法人员人人自危，有的不敢正常办案，有的不敢承担本职责任，无罪判罪、轻罪重判的趋势非常明显，连取保候审这样一个正常的刑事强制措施，现在要申请成功也非常难。律师正常的诉讼权利在新一轮的运动中被侵蚀，例如某律师申请会见被关押在某监狱的当事人，连续申请了十多次都不让会见且不给任何理由；为敏感案件辩护的律师被重点关注，涉黑涉敏感案件的辩护不允许或不支持无罪辩护等等。

以我承办的案件为例，一个在提请逮捕时公诉机关都认为证据不足而取保候审的被告人，在没有任何新证据的情况下，到了法院一审却被判处实刑三年；再例如一个被指控诈骗的共同犯罪案件，不论是公司高管，还是刚进公司才两个月的普通员工，二十多名被告人统统都以诈骗罪判处实刑，最轻的都被判处了三年多，尽管这些被告人和辩护人在法庭上进行的都是无罪辩护。

一个比较滑稽的现象是，虽然这两年运动特征非常明显，但这场运动在某种程度上却又顺应了法治的轨迹：该走的程序还是要走，至少在程序上尽量不要越轨，否则以后终身追责制可能会追到承办人的头上。但是案子多了，程序走起来就比较慢，案件超期审理、变相退侦的现象非常明显。一个普通的刑事案件没个一年两年是不会出来一审判决的，这些可怜的被告人就只能待在同伴一天天多起来的看守所房间里同呼吸共命运。

中国的法治建设很不容易，为了与领先世界的经济发展速度相称，我们在二三十年里也许就完成了西方要一百年才能完成的立法工作。但是，法治建设不是起草法律的专家教授在开着空调的会议室里吐吐口水就可以完成的。法治的建设需要时间，需要各个法律体系的磨合，需要教育培养出庞大的法律专业人员群体，最重要的是，需要民众法治意识的形成：在一个绝大多数民众都赞同同态复仇的社会里，要快速完成死刑废除或事实上的废除就几乎是不可能的。法治的建设不能再走回头路或者弯路，多少法律人几十年辛苦努力的结果，不能再为一场运动而抛弃。

（2019 年 8 月 20 日）

律师的劳碌命

刚开始做律师时，为了显示自己的敬业心，常常跟客户说俺的手机 24 小时开机，有啥事随时可以打电话。不过刚做律师时哪里有这么多的电话接，只要看到有来电都开心得不得了，哪怕接了十个有九个是房产中介和保险推销，还有一个是想来蹭免费咨询的。后来看到香港的律师从来不把手机号码给人，都是给个座机让秘书小姐转，觉得这才是律师的派头。现在虽说已经不担心温饱问题，但只要有两三天闲下来，心里就发慌，这种发慌是源自最早做律师时无案子可做的饥饿感，就像《热爱生命》里的那位淘金者，即便被救到了船上依然要悄悄地储藏食物。所以说做律师就是要劳碌，这就是律师的劳碌命。

说起律师的劳碌命，就想起刚入行时的一位同事，虽说是做非诉，但比做诉讼的更苦，喜欢拼命的客户为了赶项目工期经常半夜一两点开会，一开会就把我这位同事叫过去全程参与。尽管是燕尔新婚，但为稻粱谋也不得不从温暖的小被窝里爬出来，抖抖嗖嗖地赶去开会。

另有一位刚在司法改革的大潮里急流勇退从法院出来的同学，先去了一家公司做法务总监，干了三个月就不干了。问为啥不干了，说这老总太拼命，经常让他晚上加班。

"老子要睡觉。"同学说。

从法官到法务再到律师，过了两年回想起当初从公司的离职，同学笑笑说，其实和后来做律师比，真不是太大的事情。

"就是当时刚从法院出来，还没习惯这样子华丽的转身。"同学说。

做刑事诉讼的律师，大多数都还没大牌到随时把工作小时派单给客户的程度，一般都是计件收费，所以案子结束得早，用的工作小时就可以少一点，等候开庭就成了诉讼律师的日常焦虑。有时候手上多接了几个案子，就要盘算着会不会开庭时间冲突，心里巴不得早点结束手上的案子，可以再接下一个客人。现在国家扫黑除恶，抓的人多了，法官也忙不过来，原来盘算着半年可以结束的案子，翻了一年再翻一年还是没有开庭通知书来，为了帮客户和家属递话就要经常跑看守所，翻来覆去地和客户沟通案情，心里就暗暗骂娘，想着之前的律师费收低了，要不要再收一点律师费，或者以后的案子要提高费用了。等到差不多麻木了，开庭通知突然就来了，还一来就好几份，就像是云南雨季里发出来的菌子，一窝一窝的，把人搞得手忙脚乱，忙不迭地和法官沟通调整开庭时间。遇到好一点的法官也就算了，遇到蛮横的法官就说，为啥你可以去开他的庭不能开我的庭？撂下电话骂一千个草泥马也没啥卵用，只好又折头去和前面的法官沟通。

案子做多了，就有了医生的感觉，习惯了冷酷地面对现实。做律师苦一点也就罢了，怕的是忙活了半天却什么结果也没有，更怕学的法律完全是骗人的，警察、检察官和法官都不跟你讲道理。遇到这种情况，就看你要不要死磕了。做律师做到了死磕的地步，就像是书生要和一帮土匪打架，多半是要吃亏的。但收了客户的钱，总得要帮客户办事情，不能因为要吃亏就往后缩。所以从这个角度看，律师的勇敢是远胜过当年军前叫阵的死士的。比如前些日子在某监狱前天天叫阵的某律师，把人家恶心得受不了也讲不出理由，干脆就直接把律师证都吊掉了还连夜送达，也算是新时代的新式法治，让人感受到了一点点进步。

半夜一点钟爬起来，翻一个网上预约看守所会见的 App，点进去发现预定的日子还没有人占坑，大喜，赶忙预约了一个，这样就不用早上四点爬起来去坐高铁到外地看守所门口排队，可以舒舒坦坦地按照上班时间去看守所窗口前，在其他同行羡慕的眼神下，像孔乙己在咸亨酒店柜台上排出几文大钱一样把自己的律师证排进去，大声地说一句："预约的。"然后环顾一圈同行，傲然地领一枚会见室的牌子挤出人丛。

只要占一点点便宜就开心地等待下一天，等待下一位客人，这就是律师的劳碌命。

（2019 年 9 月 20 日）

可以给我一支烟吗

　　每次到看守所会见当事人，印象最深的不是当事人对亲情的期待或者对案件进展的关心，而是他们对于香烟的渴望。几乎一多半的当事人在会见室看到了律师，就像看到了免费品尝的 3 字头软包中华，好多人上来第一句就是"可以给我一支烟吗？"

　　在不久之前，在对会见时抽烟的问题管控得还很随意的时候，不论是警察还是律师的会见室，几乎每个房间桌子上都摆着一个丑陋的烟灰缸，空气里弥漫着烟蒂的宿臭。随着管理的日益严格，有的狱警开始享受手中的权力：来提审的司法人员给被告人抽烟一般是不会被干涉的，而律师不行。选择性执法无所不在，谙熟各种法律权利的律师也不例外。我一个同事就曾因为在看守所给当事人抽烟而被看守所向司法局通报。现在也许好一点了——至少墙上贴的禁烟告示是针对所有人的。

　　作为平时在生活里可有可无、唾手可得的日常内容，抽烟在这里成了一种象征，一种自由和梦想的象征。就像美洲印第安人的伊洛魁族或者阿兹特克族把烟草奉为神明一样，这里的人把香烟看作圣物。在两指和双唇间，小小紧凑的圆纸筒和烟丝——它的火和灰烬，就像一串安神念珠，或者一部玫瑰经。它是一个介于神和人之间的精灵，是最亲密的朋友，一个在最英雄时刻、最孤独时刻和最懦弱时刻都可以和自我倾谈的朋友。被羁押者吐出的每一口烟，在他的头顶散作一团浅灰色的迷雾，仿佛划定了一个美丽的梦想空间。在那里，他暂时逃脱了现实无情的束缚和未来残酷的威胁，每一个吞吐的刹那都是焦虑的释放，是短暂的冥想和沉思。他通过吸烟来抵抗空虚、恐惧、无助，抵抗现实的不公正，他用吸烟来代替爱，代替自由，代替对清洁的向往，代替对在清新、自由的空气下行走的渴望。平时不想染指的劣质烟，他也会倍加珍惜地燃烧到过滤嘴的最后一毫米，临走时还会贪婪地四处扫描地上的烟头。

抽烟既然象征着自由和梦想，那就意味着香烟在这里是奢侈品，奢侈品必然价格不菲。在这里你可以买吃的，但你买不到香烟，除非你和狱警关系不错可以偷偷地带一点进来。警察和检察官在烟瘾发作的审讯对象面前吞云吐雾，时不时给审讯对象丢一支（当然也有没有任何目的而出于同情心的），用它来作为投降和配合的交换条件；狱警则用它来配合平时的管理工作，时不时把听话的和关系好的被羁押者叫出来谈个话，汇报一下思想动态和监号里其他被羁押者的动向，再让他们蹲在墙角抽一支烟解解馋。律师给自己的当事人抽烟，对于司法部门的办案和看守所的管理毫无裨益，他们让当事人抽烟，只能增强当事人对抗司法部门的决心，拉低抽烟这一行为在特定场所里的市场价格，所以也就不难理解人家对于律师给当事人抽烟为啥没好感了。

在接触过的当事人中，有一个给我记忆深刻。他以前烟瘾很大，被关起来后反而戒烟了。他说，他认为自己是无罪的，他不想自己的决心被这种欲望所羁縻——在这个特定的地方，你要争取自己为人的权利，先要灭绝自己的人性。

我们的法律虽然宣称未经法院审判定罪前，任何人都假定无罪，但到今天为止，依然未改变看守所里羁押着成千上万的假定无罪者这一事实。这些假定无罪者在未接到法官的判决前，肉体和心灵都已经在承受着未被法律承认的煎熬了。如果不能少关点人，那就给人家抽口烟吧，让他们感受一下自己和动物的区别。

（2019 年 10 月 11 日）

你要小锅米线还是过桥米线

李心草一案，活生生把昆明警方顶到了杠头上。按照媒体消息，之前已经有了相约自杀的结论，这结论到底是咋出来的，是不是当初警方给出的正式结论？如果给出的是正式结论，为何现在又要重新洗牌再来一次？是当初涉事警察真的有渎职行为，掩藏了犯罪事实，还是顶不住舆论压力要找个替罪羊，再来一次之后该要抓人了？

在当下公媒体集体失语、自媒体五花八门的时代，舆论在几乎所有的焦点事件中都站在弱小者一方，至于信息是否客观全面反倒在其次。李心草妈妈一个单亲女人，好不容易把女儿拉扯大进了大学，遭遇如此飞来横祸，换了谁谁都受不了。这样一个妈妈在事件处理中理应得到警方更多的关心和同情，但从目前李心草妈妈披露的信息看，警方的一些做法是麻木和傲慢的，剔除当中感情的成分，警方的应对至少是欠妥的。待李心草妈妈将案情公之于众后，剧情的极速反转更凸显了警方前期做法的愚钝：成立高级别的专案组，重新调查。不就是一个普通的意外事件吗？怎么又成了刑事案件了？

与李心草妈妈借助自媒体快速寻求舆论帮助相比，警方的公关反应是迟钝的，这里面可能涉及体系内人员责任承担的问题，涉及相关领导未来仕途的问题，总之在紧急事件面前，体系的反应相比个人总是慢半拍，警方在本案舆论战中已经落了下风。但剧情的反转更是让人为昆明警方担心：重新调查是基于新的事实和证据出现吗？还是舆论可以左右案件的调查？

公众舆论是一把双刃剑，它既可以对社会的黑暗面和公权力的履行进行揭露和监督，也可能毁坏社会的某个正常机能。对公众舆论限制过多，会给公权力让渡出更大的腐败空间，而完全放开也不一定是好事：当下很多被舆论主导和左右的焦点案件里，谁敢保证每个案件的处理结果都是客观公正的？但就目前的国情而言，我们显然是限制过多。公媒体大一统，自媒体就像是娃娃玩的打老鼠游戏，哪个老鼠敢露头就被干掉。也正是因为这样的大环境，才养成了公权力部门平素的傲慢和麻木，一旦遇到较真的就显得手忙脚乱，前言不搭后语，有的甚至连个公众号都不知道该如何发布。

本案中最不幸的是李心草妈妈，但撇开感情因素就事论事来说，如果当初昆明警方调查所获取的证据都是客观的，则意外事件的结论还是站得住脚的，这是一个年轻人相约喝酒过度导致的意外坠河事件，除非有证据证实另外三个当事人事前有别的图谋，在李心草坠河后有紧急串谋的行为，以及当事警察有渎职行为，这的确已经构成了犯罪，理应追究。了解刑事诉讼程序的人都知道，刑事案件发生后，越早获得的证据越具有客观性。这也是当下公检法喜欢采用和依赖被告人预审口供的主要原因，当然也恰恰是因为这一点而造就了很多冤案。在警方已经根据获得的证据得出意外事件的结论后，在没有新证据出现前，仅仅是因为前期的处理不当和公关失策而被舆论压迫进行重新调查，重新调查后得到的证据就一定比先前的证据更接近案件的真相吗？重新调查会不会导致新的冤情？

云南的过桥米线天下闻名，但多数云南人平时尤其是早餐更喜欢吃小锅米线，一碗热乎乎带着油汤韭菜葱花芫荽肉末酸辣俱全的小锅米线亲民不贵，口味纯正，满足云南人民的基本生活要求。所以昆明的警察叔叔，做案子也像做米线一样，虽然辛苦一点、起早一点，还是要多做点亲民实惠的小锅米线，而不要只晓得卖过桥米线，甚至卖一些莫名其妙的找不到祖宗来源的海鲜过桥米线。

（2019 年 10 月 15 日）

另一副面貌

　　根据"链接正义"消息，2019 年 10 月 15 日，广州中院为了"顺利推进庭审"，将被告人冯现学押在看守所，采用远程视频的形式开庭，用不到一个小时的时间迅速完成了审理。虽然冯现学及其辩护律师均对庭审形式提出质疑，法庭仍然继续审理。本案中，检察院移送的卷宗共计 43 册，但公诉人完成全部的"举证"工作只用了 4 分 45 秒，相当于 1 分钟举证 10 册、累计上千页的证据材料。公诉人发表了 1 分多钟的公诉意见后，法庭在冯现学及其辩护律师均未发表辩护意见的情况下，宣布全部审理程序结束，将择期宣判。

　　深圳市龙岗区原区委书记冯现学受贿、滥用职权一案，自 2017 年 9 月 25 日起诉到广州市中级人民法院，已经两年多，其间曾经历了五次庭前会议、两次开庭，此前的庭前会议和开庭均集中于案件的非法证据排除问题，尽管冯现学提供了大量的非法取证线索和证据材料，但是法院一直未启动排非。

　　近年来，国内媒体曾报道过一些职务犯罪案件审理中的不正常现象，如不能保证被告人权利、强行推进庭审，被称为"杀猪式审判"，但是至少也让被告人到庭接受了审理，而对于这位深圳最大的区龙岗区的曾经的书记，法庭甚至没有给他到庭受审的权利。

回顾过去这些年，法院一直在钟摆的两极摇摆：一方面，最高法院在不断纠正过去因程序不公导致的冤假错案，以发文或其他各种方式保障律师在刑事诉讼中的权利，看上去试图大力推进刑事诉讼的公开化、实质化；另一方面，在当前各类非吸、诈骗、贪腐类案件高频起诉的时期，法院似乎又在运动式诉讼的压力中迷失了方向，以完成运动任务为首要目标，很多案件的审理已经背离了基本的公平公开原则。

以 2014 年 6 月开始试点的刑事案件速裁程序为例，这个程序把适用范围限制在被告人认罪的轻型犯罪案件。按照官方观点，速裁案件有利于提高司法效率，优化司法资源配置，及时实现公平正义。而根据最高法院 2015 年工作报告，2015 年全国法院判处五年以下有期徒刑 541 913 人，占全年总数的 43.96%；判处缓刑、拘役、管制及单处附加刑 556 259 人，占 45.12%；判处免予刑事处罚 18 020 人，占 1.46%；宣告无罪 1 039 人，占 0.08%。按照这个数据，至少 60%～80% 的刑事案件可以用速裁程序解决。考虑到当前被告人的审前状态是羁押为常态、取保为例外，绝大多数被告人审前都被长期羁押在看守所，看守所恶劣的居住条件迫使绝大多数被告人不敢以无罪辩护去冒险一搏。就大多数被告人来说，止损是他首先考虑的，冤不冤倒是其次了。早日离开不是人待的看守所，哪怕早一天对他也值。在这样的背景下，为了早日自由而含冤认罪的被告人到底有多少，也许只能留待以后的最高法院再次向人大宣示洗冤业绩了。

要保证速裁程序的正当性，就必须先给被告人自由，审前状态必须以取保为常态、羁押为例外，这样才能保证速裁程序最大限度地兼顾到效率和公平。

再比如近期大量曝光的敏感案件和焦点案件。这些案件往往都有一流的律师作为辩护人参与其中，都被社会普遍关注，当然也被各级政府和反贪部门所关注，毕竟很多案件是政府和反贪部门的业绩要求。在高强度的聚光灯下，法院战战兢兢如履薄冰，从案件受理开始就将自身定位为运动维稳工具，有意无意忽略了审判机构的立命之本。对律师往往戴着有色眼镜，不把律师看作诉讼平衡三角之一角，而是把律师归类为被告人的利益共同体，总认为律师是在给法院找麻烦。在审判程序中有意无意将自己归位到被告人和律师的对立面，忽视了自己作为中立者的首要价值。例如将共同犯罪案件故意分拆成若干独立案件、控制开庭旁听人员和被告人家属、动用律师群体组织给律师施压以配合法庭的"正常审理"，等等。这些做法，已经远远偏离了法院的中立客观原则，也与最高法院近年来推进刑事诉讼公开化、实质化的做法背道而驰。

当我们回顾最高法院试图推进刑事诉讼公开化、实质化的具体做法，我们也得承认有些措施的确带有超前色彩，例如二审案件开庭问题，证人到庭问题等，在当前的司法背景下的确可能未顾及基层法院的司法成本和办案效率。最高法院在严格控制审限和司法成本的前提下，又试图让基层法官采用更先进的但是成本高昂的司法制度，的确有点强基层法官所难。而从被告人和辩护人角度出发，既然法律赋予了权利，就理应去应用，而不是被法院变相地剥夺，这就造成了被告人及其辩护人与法官之间的激烈博弈，而这种博弈本不该发生在这两者之间。

造成这种博弈的根本原因在于：最高法院试图建立更先进的诉讼制度，但却忽略了这个国家历史上形成的忽视被告人基本人权的审前羁押制度和原罪观念，以及法院自身单薄的立命根基——无法独立的审判体系。

（2019 年 10 月 16 日）

搞搞新意思

    某天当事人赵某某电话来，说书记员通知他去一下法院，这次去了会不会取消他的取保把本人抓起来判实刑？我说你紧张个鸟啊，起诉书上你是最后一个，当初你的事情退侦了几次，检察院都不批捕换成取保，原因就是证据不足，我就不信现在法院敢判你实刑，大不了你戴个帽子整个缓刑。你放心，你如果被判实刑，我把判决书吃掉。

    结果那天赵某某真被抓起来，过了几周判了三年实刑。赵某某老婆打电话来，说洪律师你经常吃判决书吗？我说以前基本不吃，现在可能要尝试一下多吃吃。

    有个当事人家属从外地来，给我看了一份起诉书和判决书，一审起诉书认定的自首，被一审法院否定了。家属问这个自首到底能成立不？我看了材料问了情况，说你家人的确是自首啊，为啥法院不认定？你们把承办法官惹毛了？当事人家属怯怯地说听朋友说要严打，洪律师有听到这个说法吗？严打就可以不管法律咋规定吗？

    想起吃判决书的事，我含糊地说可能大概也许应该吧。

    有个老乡来咨询，说她有多少多少钱被骗了，要去找自己认识的家乡当地的经侦大队长张大哥帮抓人。我说你去找呗，你本来就是被害人，找他是正常事情。过了两天她惊乍乍地又打电话来，说前几天还在一起好好吃饭的张大哥，昨天就被当成保护伞抓起来了。你说我还能去报案不洪大哥？

我说可以报啊，但拜托你不要叫我大哥。

有个案子去和法官当面沟通，讲自己的当事人不构成诈骗罪的理由。法官说，洪律师你说的理由我都同意，作为法律共同体成员，我很欣赏你敬业的精神和专业的素养。我一听他讲到法律共同体心情不由为之一振。法官接着说，但是，省内其他地方的案子都这样判了，你让我咋办？我正想再说两句，法官忽然压低了声音说，洪律师你是法院出来的，法院是咋回事你不清楚？

我看他这么说就不再说了，心想这的确是个好法官，就不要劝人家出来再跟我们抢生意了。

王律师在朋友圈发了一条消息，说看到一个判决，一个快递员因为等电梯半天等不来，一怒之下踹了电梯两脚，造成物损二千多元，被按寻衅滋事罪判三个月。我跟了一句，说辩护人肯定不得力。王律师说，如果是你会咋辩？

我说我会辩两个观点：第一快递员当天穿的鞋是啥牌子？第二电梯是啥牌子？

早晨刚起床，同学微信来说有个朋友有寻衅滋事的事要咨询我。过了一会儿这个朋友电话来，说他家人因为喝酒了和别人冲突起来，警察说他家人是寻衅滋事，说赶紧赔礼道歉私了，否则要抓人了，现在指标还不够。我一听指标忽然就泄了气，说私了好啊，上海警察还是蛮讲人情的。朋友说洪律师我们这个真是寻衅滋事吗？

我说这个不是重点，退一步海阔天空，吃得亏千年神龟。

累了一周，打电话给棋牌室老板，说给留一桌川麻。晚上过去，发现棋牌室黑灯瞎火，心中疑惑，过去仔细一看，虽然玻璃门上有软锁，但里面有人。敲了门人出来问，说家家户户在整顿，不敢开门，有熟客来才敢悄悄放进去。松口气进去坐下拿出筹码，发现连原来筹码上 50、100 这样的数字也没了。问老板咋回事，老板赔个笑脸说特殊时期嘛，大家就用清洁筹码也蛮好，胜负用心记一下就可以，还锻炼记忆力。老板接着叹口气，说我这里还行，旁边的洗脚店被关了一点道理都不讲，还不给赔偿。人家可是正规的洗脚店，好好地做生意惹谁了？

（2019 年 10 月 24 日）

该判还是判

　　一个 P2P 集资诈骗案，起初定性非吸，后被升级为集资诈骗。开庭时为了维稳，法院特意在审判法庭外又安排了一个视频直播场地，让绝大多数受害人在这里观战。法庭辩论时，公诉人慷慨激昂，痛陈被告人利欲熏心，恶贯满盈，理应被严惩；被害人则惨不忍睹，死去活来：有的投资人棺材钱被骗了，有的投资人小孩手术钱被骗了，还有的专门贷了款来被骗。我回应贪利本是商人本色何恶之有？恶之源头不在贪利，而在政府监管失职。至于被害人之惨嘛，看看旁听的几个受害人愤怒的眼神，我勇敢地闭了嘴，默默腹语被告人被严惩了你们一分钱也拿不到。

　　庭审结束后，听在视频直播场地的一个同事说，每到公诉人发言时，视频场地里的受害人就一阵欢呼，每到被告人和辩护人发言时，大家就臭骂骗子、撒谎、杂碎。这不由得提醒了机智的我：以后法庭除了禁止带各类凶器以外，是否还要禁止携带唾液、鸡蛋、黄瓜、大白菜这类准凶器？

　　要说惨，也说说被告人的惨。

　　不久前接的一个外地案，受害者众多，一些受害人围访省级司法部门。司法机关抓人不手软，把涉及的公司所有员工都抓起来，被告人和辩护人在法庭上的无罪辩护意见被法庭全部驳回，不管是刚进公司几个月的大学生还是哺乳期届满的女前台，均重判实刑，一个不缓。

一个P2P案，夫妻两人均被抓，两人上有七十多岁的三个老人，下有十岁小儿，老弱相扶，衔泪对望。律师多次申请取保一个出来照顾家庭，无果。

这让我想起红眼睛阿义打了夏瑜后听到的那个词。

蚍蜉之命，谁也逃不脱。

P2P这行业，似乎没有一家P2P公司获得许可，但却蓬勃野生了这么多年，这么多年相关部门就默默地看着，默默地指导，默默地监管，然后默默地转身离开，轻轻地挥一挥衣袖，然后，警察上来默默地抓人。抓人的一个重要理由就是你没有许可证。

本来做万众创新的，做着做着做成了团。

一枚蚍蜉不足虑，一旦蚍蜉抱成了团气势汹汹，那就捉几枚别的蚍蜉来交差。乱局之下司法部门就是反恐精英的排爆桶，抓人抓人再抓人，直到监狱和看守所都关不下，直到警察、检察官、法官都忙得猝死，直到有关部门也吃不消联合下文要求少捉几个，这和多年前的运动有啥本质区别？当然现在还是文明多了，不随便要你命三千，国家有的是余粮。

做律师做久了，辩了那么多无罪，才发现自己也不过是一叫得欢的蚍蜉：不管你咋辩，人家该抓还是抓、该判还是判。

（2019年11月29日）

劳荣枝的九条命

即便知道自己的未来命运，劳荣枝在警方镜头面前没有一丝惊慌和恐惧。这个潜逃了 20 年的女通缉犯眼帘低垂、眼波顾盼、风韵犹存，让人无法想象就是这个看上去漂亮温顺的女子，在 20 年前和男友法子英犯下了杀人抢劫的惊天命案，这活脱脱就是奥利弗·斯通《天生杀人狂》的中国现实版。

也许，她一直在等这一天，等待解脱的这一天。

对于死刑具有的一般预防和特殊预防功能，我一直是持保留态度的。对法子英这样的天生杀人狂来说，死刑反而促使他们用更残忍的手段杀人以维持自己的生存。如果死刑的特殊预防功能达不到预期，那么对法子英这样的人判处死刑的刑罚功能就只剩下了安抚被害人这一项。而就一般预防功能来说，一个女子能够在外潜逃 20 年才被抓获，这本身就说明了刑事诉讼惩罚效力的有限性。这样的案例告诉潜在的犯罪人：不是所有的犯罪人都会被及时抓获，即便对法子英判处了死刑，但劳荣枝依然可以逍遥法外 20 年，如果她再整容修改一下自己的话，也许就真的终老天年了。

这个故事告诉我们，不要迷信法律，法律的功能永远都是相对的。

这是法律自身的原罪。

劳荣枝为何不去整容以换取后半生的苟延残喘，也是我所好奇的，也许是因为她一直在追随法子英吧。按照法子英先前法援律师的公开信息，这个其貌不扬的男人在生命的最后时刻也没有向警方暴露劳荣枝的行踪，以此完成了一个杀人狂扭曲性格的最后塑造：杀人并不羞耻，因为这是他们活命的方式，而出卖同伙或者爱人，反而是他绝对不可能去做的。

剔除扭曲人格的一面，法子英对于爱人和同伙的忠诚，是很多普通罪犯做不到的。

《天生杀人狂》里的米基和梅乐丽都有不幸的童年，于是一起逃亡、一起疯狂杀戮。而法子英和劳荣枝的经历却不一样，法子英从小就是一个"坏孩子"，以至于后来他被判刑时家属都从未出面；劳荣枝的变坏则和法子英完全不同，她是因为"仰慕"法子英的"英雄形象"而一起走向末路疯狂的。她对法子英也没有看走眼，在最后关头法子英保护了她，体现了一个男人最后的一点微弱人性。

据说劳荣枝被捕后，警方已经按照她的要求去老家录了亲人的视频带来给她看。在这个女人最后的时刻里，家人是这个世界上最后的阳光。过去逃亡的20年，她绝不敢去面对亲人，逃亡结束了，她总算可以看到亲人了——但是是以这种决绝的方式。

《天生杀人狂》传播了美国好莱坞式的暴力美学，而法子英和劳荣枝的杀人及逃亡则向世人展现了现实中暴力美学的血腥和矛盾：每一具残破的被害人尸体身后都有一个被杀死的家庭；而再十恶不赦的杀人狂也都有忠诚和温暖。

从法子英律师公开的信息看，先前法子英的判决书中应该是认定了劳荣枝在法子英案件中的地位和作用——尽管法子英从未向警方交代劳荣枝的犯罪行为，或者说法子英一直在为劳荣枝开脱，但想必劳荣枝在劫难逃。

或许劳荣枝对于自己的命运在法子英被捕时就已经想通了：七个被害人的生命，加上法子英的一条命，她哪怕是有九条命的猫，现在也只剩下一条了。

这也许是为啥她面对警方镜头时面露暧昧微笑的原因：这种微笑完美诠释了天生杀人狂的理想结局——对于他人生命的漠视，对于自己生命的顺其自然。

（2019 年 12 月 3 日）

第三篇　法律的悲悯

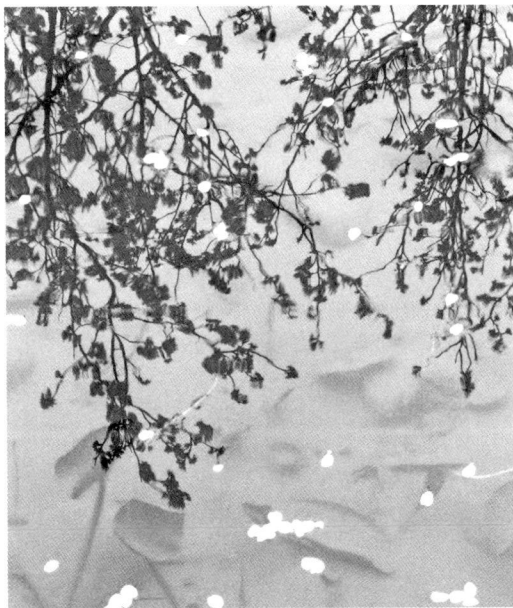

加一个急诊

写这篇文章前就预测有很多正义群众看了会骂，但我还是忍不住要说两句。

孙文斌案发于 12 月 24 日，昨天北京市第三中级人民法院就已经一审宣判。从案发到一审宣判仅仅 23 天。23 天是啥概念呢？这么说吧，刑事诉讼程序中常见的刑拘期限都是 30 天。类似于这样涉及人命的刑事案件，从案发到一审结束，耗时 1 年是司法实践中的常态。

孙文斌草菅人命，尔亦草菅人命乎？

一个正常的刑事案件，其证据群通常由被告人供述、证人证言、勘验笔录、鉴定意见等组成。作为证据之王的被告人供述，在纠问式审判中是最受重视的，尽管这种重视备受争议。就人的思维认知来说，编造的假话与真话相比其记忆性明显是不足的，假话需要用背诵等方式强化记忆，真话来源于自己的客观经历，不需要强化记忆。如果是真实发生的事情，再怎么说都是那样，但如果是编造出来的谎话，多说几次就会露出马脚。这就是为什么刑事案件中侦查人员要对被告人反复做笔录，而且隔三岔五再去问同样问题的原因。就孙文斌案来说，短短 23 天，连固定被告人供述内容这个基本要求都做不到。

如果有人说孙文斌杀医过程有视频为证，何必还去强调口供？那么孙文斌杀人的原因在 23 天里足够查清吗？孙文斌杀人的原因自然有各方说法，孙文斌肯定有自己的说法，但单有他的说法肯定是不够的，这就还需要去了解其他的说法，比如孙文斌家属的说法，医院其他医生的说法，这是一个固定证人证言的过程，解决这个问题也需要花时间，但这个问题很重要。

警察制作现场勘验笔录需要花费时间。

被害医生的死亡结论需要法医花时间。

还有刑事诉讼正常程序下需要耗费的时间：公安承办接案，写出初步立案报告，报上级领导批，把案件初步材料报检察院批捕，检察院承办看材料，报领导批，案件回到公安继续深化侦查，侦查终结向检察院移送。检察院公诉部门确立承办人看卷，会见被告人，提出初步意见报领导批，再制作起诉书向法院移送。然后法院立案部门接案分案，组成合议庭，提前向辩护人送达开庭通知或者庭前会议通知，安排开庭时间等。

且慢，辩护人呢？

这 23 天里辩护人能干啥？23 天里给辩护人的时间是几个小时？

不知道这个案件里的辩护人是咋做的，也许是法援吧。但最低程度的辩护，律师至少要去会见一次（要求真的不高，只是会见一次），和被告人打个照面，说句你好很高兴见到你，还是需要的吧？会见一次，加上阅卷时间，两到三天是最低要求。

不知道孙文斌案里的相关司法部门和辩护人是如何完成这些繁杂琐碎的工作任务的，我只能弱弱地说一句：孙文斌案里缺乏程序正义。

这里面有个暗黑逻辑：如果恶人就可以不需要程序正义，那么所谓恶人的认定标准由谁执掌？普通民众？还是挟民意令天下的某些人？标签恶人之人，是否某天也会被标签？

程序正义不是给好人的，程序正义是给所有的嫌疑人和被告人的，包括你我，包括孙文斌。

民众只有朴素的法律观，民众评价孙文斌为恶人无可厚非，但司法人员的眼里不该有恶人，司法人员尤其是法官眼里应该只有犯罪嫌疑人和被告人，因为司法人员是维护法律观、道德观，具有独立精神的专业人员。倘若精英不精英，乡绅不乡绅，那这个社会的结构也差不多该崩塌了。香港终审法院首席法官马道立在 2020 法律年度开启典礼上致辞说，法官的责任不在跟随民众的意愿——不论是大众还是小众的意愿。法官应以无惧、无偏、无私、无欺之精神，维护法制，主持正义。

本人深以为然。

最后讲一个真实的医闹故事。

老家思茅民风剽悍，看淡生死。剽悍到啥程度呢？思茅地处地震带，震得多了，大家对地震都不以为然，该睡睡该睡下来干嘛就干嘛。据说有一次地震后政府统计受伤人数，发现只有一人受伤，这个受伤的人是因为半夜被震醒后跳窗把脚伤了，此人到了医院就诊被医生嘲笑，说你跑什么跑嘛才是个地震，是不是睡错床了怕被砸？

话扯远了回到正题。既然民风剽悍，就常有喝酒打架的半夜被送进医院急诊，为此医生常少不了被打被骂。父亲从部队转业后进医院从事行政管理工作，发现这个问题长期得不到解决，就把保卫科长叫过去臭骂一顿，说你们保卫科是干什么用的？还配着枪！（那时没有盾牌、钢叉等常规安保器械。）一帮日脓包！保卫科长很委屈，说都是小地方的人，以后人家来报复咋办？再说开枪万一出人命了咋办？父亲接着骂，说你是不是汉子？被人家骑在头上拉屎拉尿。今天我洪副院长命令你们，以后遇到这些小半截敢来医院闹、敢来打医生的就开枪。保卫科长喜上眉梢说是了是了。过了一阵，当地总站有名的小流氓半夜来急诊室闹，医生赶紧电话叫保卫科长，保卫科长拎了五四枪赶过去，说了半天没有结果，小流氓扑上来要动手，保卫科长二话不说甩手就是一枪把人放倒，然后对急诊室医生说了一句：加一个急诊。

警察来了看看是小流氓躺在病床上，带着一股酒味在哼哼就明白了七八分，说这就是正当防卫嘛。

此后再没人敢来思茅地区医院急诊室惹医生。

（2020 年 1 月 17 日）

法在火星, 律在金星

今天刷朋友圈, 看到一位大学老师上庭辩护, 被法官气得当场泪洒法庭。在这里且不说这个法官到底对不对, 作为资不深但还是做过几个刑事案子的律师, 忍不住想说两句。

记得老早前刚从法院出来做律师, 那时还在用 96 刑诉法, 没高铁和高速, 和同事接了一个江苏南通的刑事案子, 屁颠屁颠开着个二手普桑跑过去, 向承办警官递交手续要求会见。警官看看我们的证件, 说两位上海律师辛苦了, 这么远不容易啊, 不过按照法律规定, 我们要事先审批 48 小时, 然后才能安排会见, 所以要两天后我们才能答复你们能否会见犯罪嫌疑人, 今天你们请回吧, 如果你们嫌路途遥远, 你们也可以先在我们南通游玩两天等消息。我一听就急了, 说法律不是这样规定的啊。警官乐了, 说我是根据 1998 年 5 月 14 日公安部发布实施的《公安机关办理刑事案件程序规定》第四十四条: 律师提出会见犯罪嫌疑人的, 公安机关应当在 48 小时内安排会见。所以我们在 48 小时内先帮你安排好再通知你们会见。我说就算按照这一条, 也是说我们 48 小时内就可以见到我们的当事人啊, 按照你的理解, 那就超过 48 小时了。你如果再通知我隔一两天, 那就不是 48 小时而是 72 小时、

96小时了。警官笑笑，说我们执行自己上级部门的规定，应该比你们更清楚吧。你们等我们48小时内安排好了再通知你们过来会见哈。我还想争辩，同事拉拉我的手，然后向警官服了软，说没事没事，我们就先回上海等您的通知，我们也知道你们办案很辛苦，然后毕恭毕敬留了张名片。

出了警局，同事说案件还在人家手上，为了早晚两天的事情把承办惹毛了没必要。我说投诉呢？同事说等你投诉完黄花菜都凉了，况且律协也不一定是立马办。我们只能快快地开车回了上海。第三天警官电话来说可以会见了，等见到我们的当事人时已经离我们最早去南通要求会见过去了四天，当事人在最需要见到律师的时刻，却只能独自面对警察，警察已经把该问的事情用笔录定型了。我不是说警察是坏人，警察就一定会刑讯逼供诱供，但是律师制度的设计初衷就是为了保障被告人权利，警察是有功利心驱动的，他们要急着破案结案，警察用这样的规定收拾律师，律师的保障功能就缩水大半。

现在回过头去想，那时的刑诉法关于律师会见的条款非常扯淡，由于规定的含糊，为了照顾警察办案的先手，不让律师抢先破坏嫌疑人口供的新鲜，公安部就赋予警察对律师会见的审批权，这虽然对律师形成制约，但无形间也给警察自身增加了负担，所以警察拿着这个48小时的规定也是头大，自己抓人审人时间都很紧张了，还要对付律师。但承办也不敢轻易放弃这个权利，因为这毕竟是公安部明文规定的，谁不审批谁就失职。这就解释了为啥实践中警察为了拖延时间就可以置基本的语文知识主谓宾定状补于不顾。

这些东西，在学堂里不一定学得到，只有真正去和警察、检察官、法官面对面打交道，要么争辩几次，把公家人吼趴下；要么被公家人喷几次，擦擦唾沫再挺起笑脸接着被喷；再去看守所嗅一嗅那些被关得发臭的人犯的味道，才能明白什么是真正的法律。

在学堂里学刑法时，一拿起课本就学犯罪构成要件，然后老师告诉我们的是犯罪构成要件，目前有四要件流派、三要件流派和两要件流派，只有我们学校的流派是最科学的。到了法院承办了案件才知道，其实法官最关心的不是犯罪构成要件到底该有几个，而是公诉机关起诉的案件证据是不是充分，由此推定出的法律事实是不是清楚（事实清楚、证据确实充分这两句话也是刑事判决说理部分必须有的圣经语录），这个事实该套用哪个罪名，判决结果是否经得起时间的检验等。此外，如果证据和事实有问题法官该如何解决？这时的解决就不是简单地按照刑诉法的无罪推定原则宣告无罪了事，法官肯定要去请示领导，把责任上交，领导就要和隔壁检察院、公安局的领导去商量怎么办，要么退侦补侦，要么把烙饼做成馒头，按认定事实该杀的不杀，按认定事实该判 20 年的只判 15 年，留个退路。

有时候律师的辩护意见法官也会听，但是法官的判决逻辑肯定和律师不一样。法官要搞平衡，律师的话能让法官听进百分之五就已经很让律师感动了。如果哪一天律师的无罪辩护意见真被法官完全采纳，恭喜你，你可以转型做法官了。

说到底，司法界最大的潜规则就是利益的冲突和平衡，而不是学堂里让你热血沸腾的公平和正义。这是一片深不可测的森林，有自我运行的气候环境，有各种动物彼此的天敌和灾害。司法体制的运作规律或者说潜规则，在学堂里一般学不到，老师也不大会讲。有时候觉得，当初在学堂里学的法律和自己在实践里感受到的法律，完全一个是火星的一个是金星的。但是奇怪的是绝大多数时候这两个星球却都相安无事，都按自己的运行轨迹在飞奔。老师可以写出很多对法官和律师毫无用处的论文，去搏自己的江湖地位，法官也可以无视一些高高在上的理论而像一个娴熟的工匠一样，按照自己的部门规程和会议纪要来写判决书。如果要说这两者之间的相似度到底有多高，我觉得最大的相似度就是他们都顶着"法律"这个光芒四射的太阳。

当然，也有老师会考虑法律问题的实证经验，比如有的老师经常在某个律所挂个羊头，卖个狗肉。当有的当事人需要用专家意见，专家教授就找几个手下的硕士生、博士生去开个会，写个三五千字的初级论文，然后盖个签名章，毕竟自己桃李天下硕果充栋嘛，随便讲一两句法官也要认真听听。其实呢，很多法官最讨厌这样的专家意见，哪怕这些法官当初也听过这些专家教授的课，甚至还是学生。本来只判两年的，有专家意见就往三年里判。

这不是叛逆，这是站队。

我讲这个不是要对老师大不敬，对于认真做专业、能够花时间精力做实证研究的老师我始终是满含敬意的。而事实上，很多老师在做实证研究时往往是漂浮在水面上，这里面的原因很多，比如司法部门对于数据的保密，比如没有沉下去好好地去做几年律师，或者做几年检察官、法官，做到最后，只是纯粹的数据研究，对于自己研究的对象始终不会有感情，不论是同情、悲悯还是憎恨。而没有这些感受，所有的研究就都是干巴巴的。

法律是人文学科，不是机械或工业科目，法律应该是有感情的。

如果理论和制度设计出来的东西很多都用不到实践中，无法去保障一些法律条款里写得清清楚楚明明白白的权利，那我们法学教育的意义在哪里？那些后浪学这些东西干嘛用？当法官、检察官工匠化流水化，一个个把自己成功地打造成完美的螺丝钉去服务国家利益而丧失了自身职业的独立性，忘记了当学生时曾经背诵过的法律原则；当律师们的意见不被法官待见，被逼着去靠钻牛角尖和挑条款漏洞吃饭，被逼着天天在司法机关门口抗议，直到被吊销执照，这样的理论和制度设计又有什么意义？身为律师我历来是瞧不起同行的眼泪的，我始终认为律师是专业人员，不该靠眼泪吃饭。但是，如果律师们被逼无奈只剩下哭了，真正受损失的是律师吗？一种神圣的职业共同体，因为族群的撕裂和服务利益不同，而把彼此身段拉低，拿出视而不见的和街头互搏般的勇气去砍杀对方，把彼此视为寇仇，法律这个东西事实上也完蛋了。

法律是用来被景仰和敬畏的，而不是被用来嘲笑和哭泣的。

（2020 年 5 月 7 日）

地久天长

5月2日，江苏溧阳别桥镇一名83岁老年女性在家中被保姆闷死。家属称，该保姆虞某某67岁，同为别桥镇人，此前"主动找过来"当保姆，双方相处融洽，未发生过矛盾冲突。截至事发当日，保姆刚刚工作8天。事发后，保姆电话通知了老人的儿子，并指导其为老人擦洗、换上寿衣。家属查看家中监控后发现老人并非自然死亡，当即报警。监控显示，在卧室内，保姆使用毛巾捂住卧床老人面部，随后坐在老人胸口，其间老人有挣扎。

该案揭开了一个黑暗的盖子，即保姆行业中令人震惊的"执死鸡""吃快餐"现象——"职业保姆"在照顾老人前都事先和老人亲属谈好：如果护理期间老人过世，护理时间哪怕只有三五天，事主也要支付一个月的工资。为了尽快挣到这一个月的护理费，"保姆"会趁老人亲属不备尽快杀死老人，用三五天的工作量和杀人风险去换取一个月的工钱。2016年5月，恶魔保姆何天带由广州市中级人民法院一审判处死刑，据报其采用类似的方式在一年半内作案达10宗。另一起毒保姆案主角陈宇萍，据报也和6宗老人死亡案有关。

也是同一天，在陕西靖边，58岁男子马某将79岁的母亲王某活埋在离家约 3 公里的一处废弃墓穴内，所幸，3 天后王某被发现并抢救过来。

随着老龄化社会的到来，老人，已经成了新类型犯罪活动的针对目标。

从犯罪学的角度看，阻碍犯罪分子实施犯罪的主要因素不是道德标准，而是犯罪成本。在老龄化社会里，犯罪者必然会将没有抵抗力、缺乏防备心的老年人作为犯罪目标。在 20 世纪 90 年代末，伪造矿难杀人骗取赔偿案曾轰动一时，较早可见于 1998 年潘申宝、余贵银团伙伪造矿难杀人诈赔案，共致死 52 人。这些被告人，为了骗取死亡赔偿，故意将被害人杀死，以获取矿主的低额赔偿。2003 年，以该案为原型改编的电影《盲井》上映，获得第 53 届柏林国际电影节最佳艺术贡献银熊奖等多项大奖。在贫穷的犯罪分子眼里，道德和法律都不是需要考虑的问题。

老龄化社会的到来一方面是人类生育的自然现象，另一方面，也和国家过去多年实施的生育政策有关。

建国初期，国家提倡多生，短时间内使国家人口翻番。到了 70 年代，开始动用强力实施计划生育政策。这种人口政策的摇摆，随着时间的流逝就凸显出很多长期性的负面效应：我国是世界上唯一一个老年人口超过一亿的国家，从 1999 年迈入人口老龄型社会以来，人口老龄化进程不断加快；2011 年底，60 岁以上老年人口已达 1.85 亿，是世界老年人口总量的 1/5，是亚洲老年人口的 1/2；2050 年前后，将达到 4.8 亿左右，超过总人口的三分之一，占届时世界老龄人口的四分之一，成为世界上人口老龄化程度最高的国家之一。

在中国老龄化问题日益严峻之际，政府对养老保险的隐形负债正成为新的隐忧。根据测算，今后三十多年中，养老金累计缺口占 GDP 比重将达到 75%，远高于环保成本，是融资平台和铁路债务对财政压力的近 20 倍。

中国一直以儒家思想为主导，长期以来形成了"家庭养老"的传统模式，赡养老年人已成为国人责无旁贷的责任，"养儿防老""父母在，不远游""百善孝为先"等，都是孝道伦理在人们日常生活中的反映。而现代社会使大家庭的概念相对淡化，小家庭的概念明显增强。两代人都崇尚居住的私密性，老少分居的倾向日益明显。随着独生子女家庭的增多以及人口流动的频繁，以及第一代独生子女的父母开始步入老年，"4-2-1"家庭结构状况日趋增多，家庭养老功能将日渐弱化。不能不说国家的生育政策需要对此承担一定的责任。

另一方面，在家庭养老功能弱化的同时，我国的机构养老也存在设施条件比较差、生活比较单调枯燥、老年人对其望而生畏等问题。而一些条件较好的养老院则收费偏高。根据 2015 年数据，全国共有各类老年社会福利机构 3.8 万个，养老床位 120.5 万张，平均每千名老 人才占有床位 8.6 张。按照老年人口与护理人员配备比例 3 比 1 测算，全国有 2 830 万老年人生活不能完全自理，共需要养老护理员约 1 000 万人，而目前全国养老机构的职工只有 22 万人，其中取得职业资格的仅有 2 万多人，供需矛盾十分突出。

目前大多数社会养老机构面临的尴尬是，老人们只要在自己家里还能维持，就不愿意去养老机构；而低龄健康、自理型或者经济状况优越的老年人，却往往找不到他们所需要或者合适他们的养老机构。所以，那些职业的犯罪者或者说潜在的犯罪者就很容易找到猎取的目标。

采用严厉的法律手段打击侵害老年人的犯罪是否有效？这个问题也许需要有大量的实证数据才能得出精准的结论。但可以预料的是，犯罪就如流水一样，此处被堵住了它必然会绕开障碍换条道走，也许未来的犯罪者不再会采用简单的直接杀死老人这样愚笨凶蛮的方式，但他们必然会推陈出新，因为今天这个社会的老人实在太多了，这些没有抵抗力、缺乏防备心、还有一点私房钱的老人是再好不过的犯罪对象。就像今天的网络时代，因为成本与获利不成正比，传统的暴力犯罪越来越少，但新型的网络和其他类型诈骗犯罪正在蔓延。

犯罪是一种社会现象，在人类社会里根本不可能消亡，只是在不同的时期有不同的表现方式而已。在老龄化社会里，这些看似没有联系的个案其实预示着很多新类型的针对老年人的犯罪将层出不穷。有的恶，法律根本预防和制止不了，因为这些恶具有肥沃的成长土壤。生育政策的摇摆性导致了那一代人甚至两代人都要为那样的国策作出牺牲。

（2020 年 5 月 12 日）

如何保护儿童权利

虽然昨天驱车二百公里去开庭，即便对事实无异议但仍然被逼戴着口罩、听公诉人字字句句念了四十多个证人的证言，念得洪律师鼻涕横流、老蛮腰都折了，但看到有热点还是要把自己扶起来蹭一蹭：富人，未成年女孩，没有道德底线的律师？

说句实在话，王振华这样的案子，无论哪个律师去代理被告人，都是吃力不讨好的活。无论怎么辩怎么说总会被人骂。但鸟为虫子死人为稻粱亡，张三不上李四上，李四不上王五上，相信十个律师里有五个都是一边骂一边蹭热点一边心里想为啥辩护人不是我？我不要一千万、一百万、五十万、哪怕十万、五万，靠！免费我也上！今年刑事律师日子难过啊！

肯定有人问洪律师你上不上？洪律师坦诚地说，count me in！嗯嗯，那十个里面我是第六个。

月黑风高夜坏事做尽时。对刑事案件的侦查和审判，是还原案件客观真实的过程。要想人不知除非己莫为这话，放在刑事案件侦查里还真不完全对。由于时间、气候、侦查手段、法律条款等的局限，不是所有的坏人都可以被绳之以法。你可以去找一个老公安问问，啥叫破案率？

就算抓了人，也还可能抓错，造成最后的冤案。法律程序就像条生产线，大部分时候出的是正品，但也有出次品的时候。为了避免产生次品发生冤案，就要给被告人说话的权利，要对侦查机关有所制约。这就是法律赋予被告人和辩护人的辩护空间。当然，对于司法机关的约束也可能会放纵罪犯。但是没办法，游戏规则定好了大家就都要遵守。在法律面前，良心犯和性犯罪者拥有的程序权利不该有区别。

律师辩护要如何辩？为了给被告人脱罪，辩护人要不要道德的底线？一说到道德，洪律师就有点晕，感觉好像是要求以后出庭都要戴口罩一样。万千罗生门，各赏彼岸花，你的道德不一定是他的道德，所以不要和律师同行讲道德，要讲规则，要签字画押。洪律师听说过同行为了挣钱把命挣没的，但没听说过哪个律师是被别人的唾沫淹死的。

如果有，请出示尸检报告。

当然，同行相处甚欢、义结金兰，大家不再口口声声说规则，还要卸下伪装、称兄道弟、换帖拜把那是另一回事，情到深处酒不够那才是最高境界。

所以，洪律师不想去评价同行在这个案子里的表现，但洪律师注意到，因为压力巨大，各方都开始把案件的信息以发声明或接受采访的方式点点滴滴地泄露了一些，把这些信息都拼凑到一起，就会发现整个案件事实基本都呈现了。这个做法有没有违反刑法第三百零八条之一"泄露不应公开的案件信息罪"？很显然口水淹不死人但可以把人淹得呼吸困难。"打死我也不说"这句话不是信条，它只是一句接头暗号。不过没关系，如果一个人保密难，那我们一起都来为你们保密。

话题扯得有点远，还是回到正途。洪律师的意思是，法律不是万能的，要靠法律来实现绝对的公平正义那是天方夜谭。法律只能不断完善，通过一个个具体的案例或者司法解释，无限接近绝对公平。法律的伟大之处不是以裁判的方式对行为作出评价，而是在评价的过程中给予参与各方平等的权利。

这话听起来有点绕，说简单一点，法律首先要保障人权，其次才谈得上公平正义。

昨天看到荷老师一篇文章，我就说虽然我维护你愤怒的权利，但这文我不转，因为它出自非法律专业的视角而且火气很大，看了会长痘痘，话音刚落荷老师的文章就被干掉了。我发誓这绝不是我举报的。整个事情——即便是不公开案件，为啥不能写相关的报道和评论？评说也是一种权利，本身案件信息就不允许公开了，如果再不让人说，类似不公开审理的案件该如何被监督？还是不公开审理的案件就不需要被监督？

事实上，要改变当前保护未成年人性权利法律不到位的状态，要紧的还是从立法层面解决。在现有法律框架内，我们没法去责怪司法部门枉纵罪犯。规则定好，大家就要遵守，这也是职业道德使然。本案法官在公诉机关求刑范围内顶格判处，已经很能表明法官的主观态度了。

我们可以看看西方国家对于未成年人的性权利是如何保护的。

在美国，民众对于儿童的性权利有强烈的保护意识。如果在小男孩裸露的臀部开玩笑地拍打几下，或者隔着衣服摸一下小男孩的私处，都有可能惹上官司，被控以猥亵儿童、性暴力等罪名。

如果是更露骨的行为，比如用手、身体其他部位或物体，出于性欲的目的，直接接触到了未成年人的私处，美国法律往往都会直接将其定性为性侵害，而不是猥亵儿童，并且刑罚通常都在10年以上。

2010年，一个名叫戴维斯的45岁大叔，在阿肯色州小石城一辆公交车上，故意在一位14岁少女面前亮出自己的私处，结果被控"向未成年人裸露身体"，判处有期徒刑3年。2016年，一名32岁男人因勾引和猥亵儿童，被美国科罗拉多州一家法院判处508年监禁。此外，儿童性犯罪者的自由是终身受限的，无论他们居住何处，都必须在当地社区登记报备自己的行踪、住址、驾照号码、体貌特征等，警方会将上述信息向社区公开，提醒人们警觉预防。

在近邻日本，对于儿童性权利的保护也严格得多。即使是强制让受害人看某个特定人物的裸体照片，也属于强制猥亵罪。针对"父辈"对儿童施加性侵害比较多的情况，日本刑法里有一个监护者猥亵罪。2017年底，日本最高法院通过了一项裁决：如果对未满13岁的儿童进行了部分猥亵行为（并没有发生性行为），就算行为实施者并没有与受害者发生性行为或者发生性行为的意图，都将被判定为强制猥亵罪。这一裁决颠覆了日本自1970年代以来，需要确认性行为意图而定罪的先例。根据日本刑法，性侵儿童罪会被判处5年以上20年以下的有期徒刑。

保护儿童的性权利，与其在法庭上给律师一个空间去辩论被告人的行为是具体的猥亵行为还是强奸行为，啥是恶劣情节，还不如修订立法或用司法解释的方式，把涉及未成年人性权利的相关法条进行整合，降低构罪标准，量化"其他恶劣情节"的内涵，加重惩罚力度，告诉潜在的犯罪者：不要说是否有发生性关系，就是看一下、摸一下孩子都不行。

这是不是解决问题效率最高的方式？

（2020 年 6 月 19 日）

论律师之修养

但凡律师，全靠说说写写打天下。现在的律师多半写字很丑打字还行，甚至有大牌律师专门请了团队帮打字写稿，所以律师手上功夫好不好跟他是不是大牌关系不大。剩下一个硬标准就是嘴上功夫。律师做业务，首先是接客，接客接不下来，纵有再好的身段也没用。所谓巧舌如簧，三寸不烂之功不行就真的不行。

开口之前，先看看你的行头。正装那是必须的，穿什么样的正装，以及在客户面前玩弄一块钱一支的一次性水笔还是两三千一支的万宝龙钢笔，以及到底要拿出几个手机放在桌子上，这些都已经是入门知识，我这里是精品文章就不多说这些常识类的东西。我只透露两点：第一是不要在所有客户面前都打领带；第二是国产电视剧里那些律师秀全都是狗屎，千万别学，否则遗嘱还没写就被活活饿死。

律师接客还讲气势。虽然大家都没见过李师师，但李师师能胜过后宫佳丽三千拿下宋徽宗一定不是靠容貌，那绝对是靠才华和气质，才华和气质这东西放到今天我们律师身上就叫气势。这个东西咋说呢，就是那种心怀宇宙眼望乾坤，胸中万马奔腾表面平静如常，这个东西装不出来，得靠多少次不停地被啪啪打疼了才能培养出来。既然是精品文章，还是要讲一点实际操作的东西，比如律师跟客户可以套近乎，谈点人情世故，但不是一坐下来就马上开始，千万记住，法律专业才是你的前戏，进会议室坐下来就开门见山谈案情，这样一是让人家感觉你很忙，二是让人家感觉你很专业，不是那种二把刀。

客户坐到你面前，相信最常被问到的问题就是洪律师我这个案子赢的概率有多大？这就好比一个患了肿瘤的病人才进诊室就问医生他还能活几个月，虽然你心中一万头草泥马奔过，但你千万不能给人家肯定的答案，在还没有望闻问切之前就说你马上就死啦死啦或者你肯定长命百岁，哪怕这个客户是白痴他也不会再找你——答案这么简单人家还找律师？所以，好律师一定是要先把案情问透，然后再扔出一把长把伞：嗯你这个病嘛，要看你身体素质、乐观情绪、还有药的有效性，以及大气新鲜度、中美冲突好转度等。如果客户比较较真，一定要你讲出一个准确的百分比，建议听下来觉得能赢的案子也最多讲个百分之八十，如果要输的案子就讲个对半开，低于一半客户就不再找你了，临走还说我们回去商量商量，搞得你口水浪费半天还眼巴巴等着人家回来和你签合同，又不好意思当场翻脸要咨询费。

胜诉概率这个问题，对某些专业的律师来说是特别打脸的问题，比如刑事。各位去看看每年最高法院在向全国人大的汇报里判决无罪率是多少？一审后二审改判率是多少？再审改判率是多少？这些数据低到什么程度呢？低到每年七月七牛郎跟织女在一起的时间只有三分钟。各位有耐心自己去查也查得到，但要花时间和数学智力，因为各位都知道我们的统计数据的不靠谱率有多高。

不想查的给我发个红包我也可以告诉你。

所以如果是刑事案件的客户来，做刑事案子的律师该如何接客？在回答输赢概率时该如何回答？

红包 TWO。

有时候想，我们这些刑事律师是带着卧底任务混进律师队伍的警察，帮助我们的同志发现漏洞然后把情报传递出去，再让我们的同志用无产阶级专政的高标号水泥把这个国家的法律缝隙涂抹得严严实实。以前学法制史，讲秦律繁于秋荼密于凝脂，我觉得这话讲得真好，把中国前三千年、今三千年、后三千年的法制史都讲完了。

客户问的第二多的是，洪律师你在法院有没有关系？这也是一个非常严肃的问题，尤其在当今清洗公检法队伍的重要时刻。说实话客户此问并不过分，这说明人家对于我们的法治环境的非专业认知其实并不比我们专业的认知差。倘若你回答我没有关系，完了，人家说我们要回去商量商量，但你如果一定要说有关系或者一定要承诺靠关系办事，第一是你的法治良心会难过（假如还有的话），第二是万一客户手机在录音呢？

所以对待客户，千万不要把话说死。

哦对了，刚才那个问题还没回答。洪律师你到底有没有关系嘛？来，开麦拉，咔！洪律师微微一笑，看一眼天花板，再深情地看看客户，对客户摇摇头摆摆手，说我们事务所几百号人，当初法院出来的就有好几十号，别的，您别问了。

接下来最短兵相接的第三个问题出现了：洪律师你们是咋收费的？在接客的所有问题里，这个问题是最刺刀见红的，所有的前戏都为了这最后的高潮。

按理说，律师的价格是由市场决定的，并非你想报多少都可以，比如说从业二三十年的洪律师每年开票的律师费除以工作小时就可以得出小时单价，但是呢，这个市场又时常风起云涌，竞争激烈，很多时候你的收费不是你想收多少就可以收多少的。对于那些电话先来问价格再决定是否见面洽谈的客户，请你珍惜自己的身段拒绝报价，这样的客户没有诚意，大部分是在做市场调查，基本上询价后就消失了。

所以，报价一定要到最后再报，要根据案情信息，初步分析出自己可能投入的工作量，再根据客户的穿着谈吐、职业身份、长相美丑报一个合适的价格。总之本着一个原则：能报一万的绝不报一千，一千都拿不下的就不要报一万。这个经验，就像看人算命一样，律师自己心里必须要有点数。律师的最高境界就在于官司不停地输，客户不停地被坑，钱还能不停地拿，从五位数拿到六位、七位、八位，拿到最后人神共愤之，拿到所有同行无问西东，拿到以前的朋友都不好意思说认识他。

律师接客之三板斧到此告一段落。法国大文豪罗尔斯罗伊斯曾经说过，真正的勇士，是看清了生活的真相，依然热爱生活。所以真正伟大的律师，是明知道打赢官司的概率不大还是充满热情地向客户收取律师费，并把客户折磨到死。况且，很多客户其实并不按常理出牌，人家愿意被折磨，这在法律心理学上有个专门的术语叫 LEGAL SM。比如我的邻居王律师，别人常常在离会议室直线距离 50 米外都能听到他对客户的咆哮，但是他每年挣的律师费不比我少。

二十年前刚到上海开始做律师，还没有从法官的正常思路上转变过来，接客缩手缩脚，不会说好听的，几个月都接不到一个案子。有位老律师见了不忍，一次喝了酒说洪流啊，你如果不说点好听的话骗客户，怕你一个案子都接不到。你现在有两个选择，要么你还是不开口骗，那你来做我助理，每个月拿固定工资；要么你开口骗，不要有啥心理负担。我听了正襟危坐，说上海人虽三千万，但我只骗一颗心。

　　老律师看看我，说好的。

　　后来，老律师改行做资本，实践了骗更多人的诺言。

　　　　　　　　　　　　　　　　　　　　　（2020 年 7 月 25 日）

你的会见次数为零

前天看到律协发了个通知，全名是《关于进一步调整律师会见工作方案的通知》，该通知将律师在刑事诉讼各阶段在看守所会见被告人的次数调整为侦查阶段、审查起诉和一审阶段各三次，二审阶段一次。我刚把这条消息发到朋友圈，就有几个客户留了言，其中一个年逾七旬的老太太说：五个月了，我一直没机会让律师进看守所和我女儿说句话，我都不知道我能不能坚持活到和她见面。

还有多少被告人家属已经超过五个月没有和被关押在里面的亲人说句话了？

刑事律师都知道，一个刑事案件的被告人从被刑拘到一审判决，在看守所短则三五个月，长则一两年，甚至抓了之后在看守所待两三年的也大有人在。新冠没来前，律师与被告人的会见在正常状态下假设每两周一次，假设一个案子一审诉讼周期为一年，那么律师与被告人的会见次数至少24次，如果一次会见以一个小时计，则至少24小时。遇到罪名多、起诉事实繁杂的案子，会见小时甚至会达到50—100个（当然也有简单的案子会见小时会少一些）。

作为辩护人，与被告人的有效通畅交流是成功辩护的基础。但在新冠时代，这一切都被改变了。

新冠来临后，以防止疫情扩散的名义，各地监管场所都对律师与被告人和服刑人员的会见进行了大幅度限制。以上海为例，上海针对律师会见被告人次数的原则规定是侦查阶段二次、审查起诉和一审阶段各一次，这样到一审结束的诉讼阶段律师会见被告人的全部次数加起来也只有四次。这种会见次数的限制似乎对司法机关的人也宣布过，但后来慢慢就变味了，比如十四天的隔离期只限制律师，甚至有的被告人在隔离期内就有承办来提审过。可怜的律师区区四次会见，还每次都被限制在 1 个小时内，如果再减去有时因为提人浪费掉的时间，整个从侦查到一审的诉讼过程，律师与被告人能见面的时间不超过 4 个小时。

4 个小时够律师干嘛？估计再睿智的律师在这 4 个小时里也只能做做如下的工作了：嗯嗯，我是谁谁谁，你就同意委托吧，你不同意就是浪费时间；这事儿是你干的吧？是就不多说了；警察来做笔录千万记住不是你说的话不要签字啊，不是你做的事情不要承认啊，如果哪个警察打你记住他的警号啊，什么？已经做了三四次笔录了？你都说了什么？都不记得了？靠，那我律师如何帮你？嗯嗯，案卷材料我看了，你对起诉书有没有意见？没有意见就行了；啥？你要辩无罪？这些事情你都没干过？你把事情和理由说快一点，电脑、手机也不给我带进看守所，你讲那么多我咋记得住？捡重点讲，我们时间只有半个小时了；IP、IC、IQ卡，统统告诉我密码，哦，这不是我要的，是你老婆要的，啥？你老婆万一要和你离婚咋办？这个我帮不到你。

"新冠"给律师会见带来的限制，首先干掉了一波生活律师。那些靠给里面和外面的人传话过活的看守所门口的律师，突然发现自己失业了：漫长的侦查阶段律师只能进去会见两次，收入相比从前缩水了十分之九，就算是奥特莱斯打折也很少看到一折的吧？

会见限制干掉了生活律师后，又气势汹汹地冲向了所谓的"业务"律师。这些斜眼看生活律师的业务律师们，突然发现自己的业务优势荡然无存：每个人只能会见四次，每次只有一个小时，如何施展自己的业务专长？纵使克莱伦斯丹诺再世，估计也会被活活憋死。

最要命的问题是，既然律师没啥工作量了，被告人和他们的亲属凭啥支付费用给律师呢？

划重点敲黑板：刑事律师没收入了。

不要看律师们在办公室和法庭上光鲜亮丽，但都是自找自吃的苦逼命。律师犯法犯错了有人收着，律师没收入要饿死了也没见有关部门给指派几个案子做做。没办法，为了生活，律师们还是得继续干，先把以前的库存拿出来过日子吧；以前吃海鲜套餐的现在改吃兰州拉面；以前喝茅台的现在改喝二锅头；以前小案子不接的现在也接了。坏日子总会过去的，看守所总要有人进去的。

律师们低眉顺眼去看守所先绑定会见手续，不小心被保安姐姐发现手续不全，唰地把手续扔出窗口，怎么还缺一个承诺书，怎么还缺一个盖章！律师赶紧喊漂亮的好姐姐我跑一趟看守所半天就没了，您看看缺啥我下次补过来给您？保安姐姐心情好时，看长得贵一点的就算了，看长得便宜的就坚决地说不行。

有的律师去了窗口突然发现自己的装备不齐：什么？我还要

准备两套防护服？我去哪里买防护服？你们不管因为这是规定？哪一条法律规定的？

有的律师屁颠屁颠跑到外地到看守所窗口一问，什么？外地律师不给会见？这是啥规定？你们是根据哪一条法律？没法律？你告诉我你的警号我投诉你！什么？你不是警察你是保安？还要做核酸检测？

律师的苦与被告人的苦相比，那又是小巫见大巫。在我们羁押为常态、取保为例外的被告人人身自由状态下，被告人的权利本身就已经被限制颇多，现在连唯一可以成为被告人与其亲属连接纽带的律师也被限制会见，很多被告人在封闭的看守所里面就被打回到旧石器时代，信不能写，话不能带，人更不能见。更重要的是，得不到律师的有效援助，他们在面对强大的国家机器时如何保证自己的权利不被侵犯？

既然可以视频会见了，为何又有次数限制？既然被告人和律师之间有透明塑料薄膜隔离，为何又有次数限制？既然本地律师可以会见，为何外地律师不能会见？新冠不可谓不伤人，但在防止新冠名义下实施的懒政简政又何尝更不伤人？所有这些以防疫为名实施的各种限制，我们为此付出了多大代价？也许，金钱和时间都是其次，权利和自由才是最惨重的。

因为律师不能有效辩护的这段时间产生的冤案算谁的？

算新冠的？

还是算新冠的？

（2020 年 9 月 24 日）

回头看那个案子

在谈法院副卷前，先谈我在老家法院做法官时审理过的一个案子。

那是很多年前，一个有七八个被告人的盗窃案。审理下来，我认为其中有个被告人明显指控证据不足，指向他参与共同盗窃的证据仅有一个同案被告人的供述，而且在开庭时那个同案被告人还翻供了。合议庭合议时，我提出了判该被告人无罪的意见。那时，我们合议庭成员都是刚出校门的年轻人，书生气、理论气比较重，不去考虑什么其他司法部门意见或者社会效果啥的。其他两个人听了我的意见，一个表示同意判无罪，另一个反对判无罪。案子向庭长汇报时，庭长有点意外，但没有表示反对，只是说既然你们合议庭意见有分歧，你上审委会汇报时准备充分一点，因为法院平时很少判无罪。

案子到了审委会，一个副院长听了我的无罪判决意见，马上就要求我把案卷拿上去现场翻阅，这在平时汇报案件时是很少发生的，审委会委员一般只是听承办法官口头陈述。翻了半天，副院长没说什么。最终这个案子合议庭大多数人的意见在审委会通过了。

案子判了以后，检察分院起初要抗诉，后来没声音了。过了一段时间副院长来找我，说风传我和该被告人律师吃了饭，还收了人家钱。我说饭的确是吃过，去外地开庭时开的时间晚了，我们合议庭几个人还有公诉人还有两三个律师在一起吃的，是那个律师买的单。我们这个小地方圈子小，人情都很醇厚，平时大家在一起吃个饭也算不了什么大事。至于收钱的事，我想收，但人家没给啊。副院长听了笑笑，说以后不要再和这个律师再吃饭了。

当初做法官时，觉得办刑事案件分正副卷是再正常不过的事。副卷主要是合议庭笔录、审委会笔录等内容，是法官审议讨论案件时的意见，这些意见当然不能随便对外公开。法官也是人，平时也需要一个平安宁静的生活环境，在百姓法律意识和法律认知普遍低下的时代，这些意见如果被公开，难免会引起当事人及其家属或者不明真相群众的非难或仇恨，或者被人恶意利用，所以副卷不公开是有其合理性的。就像这个无罪判决的案子，如果把讨论过程都公开，大家的意见都暴露在阳光下，不论最终判决是什么，总有一些持不同意见的法官会被责难，这其实也是变相地加大法官的压力，对法官自由心证判案造成消极影响。

有人猜测副卷里会有不少干涉法官自由办案的文件，甚至有人说副卷是"各种权力干预的遮羞布"，所以强烈要求公开副卷，我觉得这种说法根本就没搞清事实的本源。法院有很多自己办案的潜规则，这些潜规则不是法官拍脑门想出来的，而是被实际情况逼出来的。比如，法律要求很多二审案件都要开庭审理，但实践中很多二审案件都是书面审，因为法官们每周都要政治学习，还要上街打扫卫生或者下乡扶困帮贫，实在没有那么多的时间和精力去开庭，而且我们的羁押制度也没有充足的资源保证这样的开庭审理要求。

作为潜规则的一个重要组成部分，法院的内请和汇报制度一直都存在，但不是所有案件里都存在，这些制度适用率有多高，主要和不同时期、不同案件里法院被各种非审理因素所左右的程度有关，也和各院长、副院长等法官大佬风格有关。如果法官大佬们的升迁和工作要受到非司法部门和非法律因素的决定和影响，你说哪个法官大佬判案前不仔细考虑一下非司法部门和非法律因素的要求？从最底层的法官，到中级法官，再到高级法官，层层上报请示，再向法院外的权力请示……我们看到了权力干预或过度干预的情况，但不能把副卷制度当成替罪羊而忽略了真正的作恶者。

我还记得当时有一个一审案子我们中院吃不准，主管副院长曾电话请示高院。高院的人在电话里给了热情的回应，主管副院长请求高院给书面意见，高院的人不置可否——谁都知道一旦形成书面意见就要被记入副卷，所以人家不会轻易给你一份书面文件。法官是最讲究证据的一群人，就算是你看到了一些所谓干预的文件，也肯定是堂而皇之冠以"法治公正稳定和谐"之名，没有哪个副卷里的发言人或者文件起草者跳出来就说自己是坏人要干预案件审判的。

所以，你说副卷制度到底有没有良性的功能？最起码它客观记载了案件办理过程中各种价值观的汇聚和交锋。如果心里有鬼的那些不仅反对公开副卷，甚至从根底上恐惧或者反对副卷制度的存在，因为副卷是要永久保存的。

后来离开法院做了律师，坐在下面辩护人席位上被原来我坐的那个位置上的法官喷来喷去，就开始换位思考，想想很多案子自己的辩护意见很有道理为啥法官不采纳？法官的合议意见向社会公开也未尝不可，只需要做一些技术处理就可以避免对法官自由心证造成负面影响，比如对于不同的判决意见，可以写成"多数法官认为……，少数法官认为……"。对于辩护人提出的辩护意见，至少应该有个客观全面的回应，而不是用简单的一两句"辩护人意见不符合本案事实，本院不予采纳"就打发掉，人家律师好歹也收了三五万、三五十万、三五百万做的事情，不能这么随意对待人家的高附加值工作。

然后再往深里想，问题就来了：如果承办法官们的意见其实和判决的最终意见并不一致呢？比如承办法官认为这个被告人是无罪的，但是来自外界的或者上面的要求判有罪呢？这个判决该咋写？总不能写成本合议庭认为被告人无罪，但是因为某种原因必须判该被告人有罪吧？

所以，法官的意见还是不能完全透明，副卷也不能公开。

副卷不公开当初是为了保护法官判案不受案外因素影响，现在看来，如果内请和汇报制度变得越来越常态化，副卷不公开的弊端也开始显现出来：判决都根据自上而下的甚至自外而内的原则和依据来决定，法官丧失了自由心证权，法治概念和原则让位于非法治的要求，法官的精英主义无法在司法裁判领域内贯彻，法官不能为自己手中的案件独立承担责任，变成了司法流水线上的一颗螺丝钉，机械地从事司法生产，为每个被告人贴上各种标签。这样生产出来的判决如何服众？恐怕连法官自己也摇头。

回到当初判决的那个无罪案件，现在才意识到有多么不容易。这么多年，刑事法官判案判有罪是常态、判无罪是例外似乎已经成了规律。常态的案子在法院里可以畅通无阻，而例外的案子则需要具备闯关的实力——如果你要明哲保身，就不要去做一些太反常态的事情，这又是为什么？

说到底，我们的法治建设进程太艰难。有时候走得步履蹒跚，有时候甚至走一步退两步。从新中国成立初的废除旧法统，再到那十年砸烂公检法，再到改革开放搞法治建设，自始至今，司法部门或多或少一直被非法治因素所羁绊，甚至司法部门和政府部门的边界也模糊不清。我们不停地炮制设计很多新法律法规，又在现实中不停地伴生很多反设计的规则和制度。

副卷是否公开不是重点，重点在法官能否贯彻精英主义，不受影响地独立行使审判权。如果法官可以独立判案，副卷有啥好神秘的？

现在回头看那个无罪案子，觉得老庭长和副院长对我其实挺好的。

（2020 年 10 月 19 日）

自首杀不杀

　　11月11日，最高人民法院审查决定，指令广西壮族自治区高级人民法院另行组成合议庭对杨光毅强奸案（百香果女孩案）进行再审。

　　2018年10月，广西钦州灵山10岁女童杨某燕卖百香果回家途中被同村男子杨光毅强奸后死亡。一审法院审理后，认为杨光毅虽有自首，但犯罪情节恶劣，故以强奸罪判处其死刑。后广西高院二审，以自首情节为由将杨光毅刑罚改为死缓。此事经媒体报道后引发各界关注。

　　这让我想到了2009年云南的李昌奎故意杀人、强奸案。

　　2009年5月16日，李昌奎将同村的19岁女子击昏后强奸，之后将此女子与其3岁的弟弟一同杀害。2010年7月15日云南昭通中院一审以故意杀人罪判处其死刑，剥夺政治权利终身；以强奸罪判处有期徒刑5年；数罪并罚决定执行死刑，并处剥夺政治权利终身。2011年3月4日，云南高院以李昌奎有自首情节为由将李昌奎改为死缓，此判决一出舆论哗然。在巨大压力下，2011年8月22日云南高院撤销原二审死缓判决，改判李昌奎死刑，剥夺政治权利终身，并依法报请最高人民法院核准执行。

有关自首，刑法里是这样规定的："对于自首的犯罪分子，可以从轻或者减轻处罚。"可见自首不是必然得减的情节，而是"可以从轻或者减轻"，这就给法官留下了很大的自由裁量空间。这也是为何当初的李昌奎案和今天的杨光毅案会引起如此巨大争议的渊源所在。

正因为刑法对自首的规定比较原则和笼统，所以最高法院在法律适用过程中，先后出台了一系列关于自首的司法解释、判例指导和会议精神，以达到统一法官主观认识的目的。但是在司法实践中，不同案件有不同情节，案发地有不同的地理、经济、人文因素，法官对于自首的把握依然会有不同程度上的主观认知差异，一旦某些案件未达到当事人或者舆论的心理预期，就会引发当事人、舆论与司法裁判的激烈冲突。

从被害人家属角度看，杀人偿命、欠账还钱天经地义，更何况像李昌奎、杨光毅这样的被告人犯罪手段残忍，犯罪情节恶劣。如果连这样的恶性案件都不判死刑，未来所有的恶性杀人案都会根据"杀人只要自首就能保命"这样的逻辑得到轻判，显然这样的逻辑是无法让被害人家属和舆论接受的。

从认可适用死缓的法官思维角度看，虽然李昌奎、杨光毅案情节恶劣，但这类案件都是偶发案件，且判处死缓不得减刑后，这样的犯罪人已经不再有社会危害性，从刑罚目的角度看对其适用死刑已经显得多余，再考虑到自首行为的法律经济价值，适用死缓其实是比较合适的刑罚执行方式。

这里其实就涉及部分法官和民众、舆论对于死刑的不同理解和态度。

作为最暴力的刑罚手段，死刑的存废一直都存在争议。目前世界上已经有一百多个国家和地区废除或实际废除死刑，在这些废除或实际废除死刑的国家和地区里，经济发达国家和地区占了大多数。可见经济发达程度对于法律观念和法律制度的影响有多大。2000年4月1日，四个失业青年潜入南京金陵御花园行窃，被发现后，他们持刀杀害了屋主德国人普方及其妻子、儿子和女儿。案发后，四名18—21岁的凶手随即被捕，后被法院判处死刑。普方的母亲从德国赶到南京，在了解案情之后，老人作出一个让中国人觉得很陌生的决定——她写信给地方法院，表示不希望判四个年轻人死刑。她认为死刑已经挽回不了她家人的生命，如果判处这四个年轻人死刑，这四个年轻人就没有改过自新的机会了。但是最终，江苏省高级人民法院驳回了四名被告人的上诉，维持死刑的判决。

2011年7月22日，挪威奥斯陆西北部的一处岛屿上发生枪击事件，造成近90人死亡，多人受伤。2012年8月24日，挪威法庭对嫌犯安德斯·贝林·布雷维克作出终审判决，认定其"恐怖行为"和谋杀罪名成立，判处21年有期徒刑。这是挪威法律中最严重的刑罚。

降低死刑适用率并最终废除或实际废除死刑，也是我国法院一直在努力的现代化目标，但这显然是一个漫长的过程。要实现这个目标，不仅仅需要法官对于死刑适用的正确理解，还需要民众和舆论对死刑目的、意义的认识上的提高，这是一个历史的过程，不是一蹴而就的。在中世纪的英国，如果一个七岁的小孩偷了面包，就可能被当时的法庭判处死刑，这在今天的我们看来显然是匪夷所思和惨无人道的；20世纪80年代严打运动开展时，群众都拍手称快，但今天我们回过头去看，那时的严打的确造成了很多冤假错案。从统一收回各地高院死刑复核权，再到先在一些经济犯罪里减少死刑的适用，包括集资诈骗、贪腐类犯罪，这都是慎用死刑、少用死刑的具体立法改革。当这些立法改革刚出台时，大多数民众依然还是不能理解，有的甚至觉得是在包庇纵容这些犯罪分子。但这些年实施下来，民众也慢慢接受了。

对于潜在的犯罪人来说，当他已经冷静地准备好要实施犯罪时，他已经把死刑计入犯罪成本了；对于突发性的犯罪人来说，实施犯罪当时也无暇顾及死刑的威慑；而对于已经实施了犯罪的被告人来说，死刑的威慑力也许还不如终身监禁。所以，死刑对于控制犯罪率的作用是相当有限的。冷静的法官可以认识到这一点，被害人家属冷静下来也可以理解这一点，但是失去亲人的痛苦以及杀人偿命的古老观念，折磨着被害人家属一辈子的生活。我们不能苛求他们冷静和理性，因为所有的苦只有他们自己承担。

宽容和悔改需要时间，但杨光毅肯定是等不到了。

（2020 年 11 月 13 日）

立法的进步

    传统的司法体系强调司法的独立性和专业性，强调司法办案不受司法外评价系统的影响。以美国为例，重大刑事案件都采取陪审团制度，由陪审团来确定被告是否构成犯罪。在审理过程中，选定陪审员的一个重要标准就是避免陪审员对于即将审理的案件带有先入为主的观点。一旦进入程序，法官会禁止陪审员接触到对案件进行报道的报纸、电视和相关媒体，为的就是不让外界的信息和舆论对陪审员的审查判断能力造成误导。

    而在我国，舆论对司法的影响力是西方法官难以想象的。

    2009 年，吴英被浙江省金华市中级人民法院以集资诈骗罪一审判处死刑，二审时浙江高院维持原判，此案经律师向媒体披露后，获得了全国舆论的一致同情，并导致 2012 年 4 月最高人民法院将该案发回浙江高院重审改判死缓。客观地说，若该案"司法事实"认定无误的话，与此前浙江法院审理判决死刑的其他同类集资诈骗案件相比，对吴英判处死刑也不能说是错案。吴英的起死回生，很大程度上是借助了媒体和舆论的力量，吴英案的改判，也促使立法机关在 2015 年的《刑法修正案（九）》中将集资诈骗罪的死刑取消。

2020 年 7 月 3 日，《刑法修正案（十一）（草案）》出台，二审稿于 10 月 21 日出台，相比较一审稿，二审稿一共新增十一条，由原来的三十一条变成四十二条。在这次即将来临的大规模修改的背后，也可以看到舆论这一强大的推手。

首先，舆论对于某些法律的存废的确发挥了积极意义。

比如诸多的"药神"案。

从最早的陆勇案被搬上银幕，到后来的上海药神案，再到连云港药神案、广州药神案，随着诸多药神案的曝光，以及众多辩护人的努力，终于促使立法机关在此次立法修改中，对原来关于假药、劣药犯罪的规定动了大手术。例如，新草案删除了"本条所称假药，是指依照《中华人民共和国药品管理法》的规定属于假药和按假药处理的药品、非药品"这样的依据行政法规而产生的法定犯条款；对销售未经审批的一些药品的行为并不当然认定为犯罪，而是必须具备"足以严重危害人体健康"这一前提条件。

其次，在面对一些恶性或者严重冲击道德防线的案件时，舆论导致的立法修改就凸显出理性不足和缺乏实证性的地方。

比如这次最吸引公众关注的刑事责任年龄下调问题。

根据二审稿的规定，"已满 12 周岁不满 14 周岁的人，犯故意杀人、故意伤害罪，致人死亡，情节恶劣的，经最高人民检察院核准，应当负刑事责任。"从这一规定来看，此次刑事责任年龄附条件下调被正式通过是大概率事件。从最早的 2005 年赵某某杀害女孩案，到 2012 年广西 13 岁少女肢解同学案，再到大连 13 岁未成年人杀人案，舆论的过度曝光给公众形成了这样的观念：现在的小孩子成熟早，变坏的年龄也下降了，所以很有必要降低刑事责任年龄，不然以后的坏孩子会越来越多。

但是事实上真是这样吗？

从相关数据来看，2010 年至 2018 年，中国未成年人犯罪人数占比和青少年作案人员占比呈现持续降低趋势。2018 年，中国未成年人犯罪人数为 3.4 万人，与上年基本持平，比 2010 年减少3.4 万人，降幅达 49.6%。

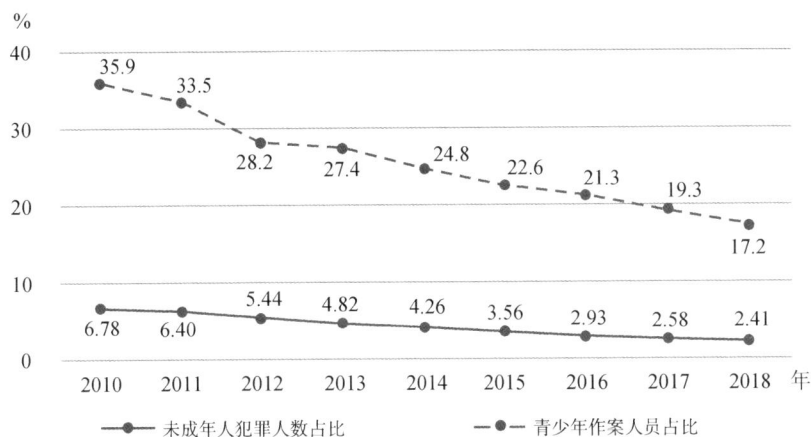

2020 年 6 月最高人民检察院发布的《未成年人检察工作白皮书（2014—2019）》也明确指出，在 2014—2019 年，未成年人犯罪总体形势趋稳向好。不过，在 2019 年犯罪数量有所回升，尤其是聚众斗殴、寻衅滋事、强奸犯罪人数在上升。这些犯罪中致人死伤是可能的。即便如此，我们也完全可以得出未成年人实施违法犯罪态势正在变好。

由此看出，立法机关附条件下调刑事责任年龄，明显是为了回应部分公众的情绪，难言是一种理性思考的产物。另一方面，如果基于情绪立法，很容易使刑法立法陷入象征性立法的困境，且与目前的罪刑法定原则产生冲突：12—14周岁的人是完全可以实施不法且有责的行为，只不过立法机关基于刑事政策的考量，将追究此类行为人的刑事责任的权力交由最高人民检察院来行使，这样一来，难免在犯罪概念与刑事责任之间出现一种难以消除的矛盾。与此同时，这一规定还变相剥夺了法院的裁量权，违反罪刑法定原则。

第三，在道德和激情冲击下仓促立法，特定条款的立法技术上显得比较粗糙。

比如由鲍毓明案等引发的对特殊职责人员性侵案的补充立法。

针对实践中性侵未成年人等犯罪案件较为突出的问题，草案二审稿作了多处补充完善，包括增加特殊职责人员性侵犯罪，对负有监护、收养、看护、教育、医疗等特殊职责人员，与已满十四周岁不满十六周岁未成年女性发生性关系的，不论未成年人是否同意，都应追究刑事责任。

修正案一方面调低了刑事责任年龄，规定在必要时可以对12岁以上未成年人实施的恶性故意杀人和故意伤害犯罪追责，这实际上是确认了12岁以上的未成年人对自身心智年龄以及行为责任认知的降低是理性和可期待的，具有担责的主观基础；但另一方面，对于已满14周岁的女性与负有监护、收养、看护等特殊职责的人员发生关系，相对方却要承担刑事责任。这不仅在法律逻辑上割裂了刑事责任年龄的内在逻辑，而且也不一定尽显人性，毕竟发生在现实世界里的很多犯罪不是书本和舆论所描述的那么简单。

再比如由诸多高空抛物案引发的立法修改。

事实上，对于高空抛物行为在刑法上的定性，有一些可以直接被现有的刑法规范进行评价，新设立罪名要考虑是否可以容纳进现有的罪名体系，尽量减少不必要的立法。有一些高空抛物的行为不具有法益侵害性，不宜纳入刑法调整的范畴；有一些高空抛物的行为可以纳入现有的刑法体系中。比如针对特定的某人实施伤害或者杀害的行为，可以认定为故意伤害罪或者故意杀人罪。在二审稿中，将高空抛物行为规定在妨害社会管理秩序一章中，以"情节严重"为构成要件，并且提高法定刑，较好地将不具有法益侵害危险的情节轻微的高空抛物行为排除在外，在刑罚设置上相对合理。然而将高空抛物这一具体的行为确立为一个新的犯罪，却对同类行为照顾不周，立法技术上缺乏概括性，这样可能导致立法过于臃肿。

任何一个刑事案件，通常都存在两种事实。第一种事实就是案件原来的真相，即"客观事实"。真相只有当事人心中最清楚，但却是不可逆的和司法上待证的，所谓"到底发生了什么，只有天知道"。第二种事实就是经司法审理认证下来的事实，我们可称之为"司法事实"。基于司法审判对事实的推理性，这个事实只能根据警察的调查、检察官的指控以及律师的辩护来完成。司法认证下来的事实有的的确能还案件一个客观真相，但有的却限于时间的不可逆和证据的不完整，会给出一个与"客观事实"有出入的"司法事实"，而基于评判的统一标准，法官只能根据"司法事实"来得出结论并予以法律上的评价。

在信息高速传播的今天，还会出现第三种事实，即舆论或媒体中出现的事实。由于舆论媒体与司法体系的职业差异和评判标准不同，这一事实又往往会与"客观事实"和"司法事实"有所差异。而作为普通公众，最先接触和获得信息量最大的，却往往是第三种事实。在案件未进入正常的司法程序前，不少公众就已经基于第三种事实形成了自发的评价意见，自发地形成了一种"体制外的审判"。有时候，这种"体制外审判"会改变具体案件走向甚至立法的进程，例如前述的吴英案，例如各种未成年恶性杀人案，例如药神案，例如鲍毓明案，例如系列高空抛物案。这些案件有的时候推进了立法的进步，但有的时候，却容易被愤怒和激情蒙蔽了双眼，并裹挟着立法机关仓促前行。

（2020 年 12 月 3 日）

第四篇　数字里的法治

法治的权威

随着一声枪响，那个凭借着手中的尖刀和身前的学生人质一直在喋喋不休的劫持者瘫倒了下去。狙击枪子弹打穿了他的头颅，再把旁边的花岗石墙面也打得粉碎。1月22日发生在昆明市的劫持人质案告一段落。不管这个过程中展现了多少人性的光辉，但，劫持者死了，被他用刀捅伤的孩子中有一个也因伤势过重不治身亡。

几天前在看守所偶遇一位同事，讲起过去两三年作为刑事辩护律师的种种失落和不解，不明白为啥现在越辩越难，先前以为是理所当然的法律概念和原则也开始动摇起来。我说我自己在外地辩护的一个涉恶案件，公安侦查阶段只有一个罪名，到了检察院分拆上升为四个罪名。法庭上绝大多数被告人及其辩护人均辩无罪，唯有最后一名被告人为了争取缓刑在法庭上低头认罪。整个案件涉及数十起指控犯罪事实，结果从开庭结束到最后宣判没有超过十天，所有指控罪名都成立，所有被告人的量刑都超出了被告人和辩护人的想象，最后一名认罪伏法的被告人也被判了四年。后来被告人家属与我见面，莫不愤慨异常。

劫持者明知有狙击枪对着他，依然喋喋不休对观众诉说着他对这个世界的不满；无辜的被告人虽被羁押判处了，但心中的怨恨早晚有一天要释放出来，一代释放不了就下一代，仇恨的种子就在一个个案子里被播种下去，生生不息。恶人不惧法，善人不服法，如果最后大家都选择暴力解决，法治该向何处去？

法治的权威是靠暴力为后盾的，但法治的核心价值不是暴力，而在于用暴力来保障的公平、正义、平等这样的人文价值，法治的权威就是在保障的过程中树立起来的。法治的生命与暴力并不成正比，暴秦滥法，二世而亡；太宗贞观之治，春节放死囚回家，盛唐延祚数百年，成为中国历史上的巅峰王朝。对于公平、正义、平等这些价值观，社会成员应该有统一的认识。再邪恶的暴徒和恶人，他们对于公平、正义和平等的理解也不太会有不同的。比如这个一枪就被干掉的劫持者，他死前一直在喋喋不休地抱怨自己苦难的人生，觉得自己受到了不公的对待，这也说明他对于公平、正义的理解与其他社会成员并无不同。

在保障公平、正义、平等价值得到尊重的过程中，法律人对于基本的法律概念和原则也必须保持统一性，比如什么是违法行为，什么是犯罪行为，大家不能有根本性分歧。如果普罗大众与法律人之间对于法律的认识有不同也情有可原，毕竟法律讲究逻辑和经验，是一门精细化的社会科学，但如果法律人之间对于基本的概念和原则都有不同的认识，这该如何玩下去？

法律人对于法律概念和原则的认同发生了变化其实是个伪命题，这个命题根本经不起逻辑和事实的推敲。但假如法律人对于法律概念和原则的认同本来就无分歧，为何近些年辩护人与检察官、法官间的撕裂越来越深？同事想了半天，说是不是这些年检察官和法官的办案水平下降了？我说这个说法在逻辑上也不成立，这些检察官、法官长年累月在同一部门办理案件，其专业素质远比我们这些律师强。也许是我们律师的水平跟不上这个时代了？

同事惭愧曰诺。

法国大革命时代，走上断头台的罗兰夫人说，自由，多少罪恶借汝之名行之。其实仔细想一想，有哪个罪恶出来行走时说自己姓罪名恶的？为一己私利假借洗罪之名行揽财之实，为平安生活委曲求全违心执法的，何尝不是罪恶的帮凶？法治固然依靠暴力，但法治的核心价值是公平、正义和平等，这才是法治的生命所在。如果大家在司法过程中感受不到公平、正义和平等，而都要去用暴力说话或者期待个人的暴力时，法治暴力的垄断也就走到了尽头。

成也暴力，败也暴力。

（2021 年 1 月 25 日）

规则的边界

有不少客户来事务所咨询时，都会问同一个问题：你们和公检法的关系如何？

律师找关系，似乎是这个职业的主要工作内容，你如果跟客户说你做案子从不需要关系，要么你已经很牛不再靠关系吃饭，要么你是死磕派或者技术派全靠口活。不过按照我的经验，找关系这事情也看地方和人。上海这地方西风渐早，大家对于搞关系这事相对比较淡，都注重认真做事情。有时候请公检法很熟的哥们儿出来吃饭玩耍，大多数也会把握好分寸，就算是拿了一点吃了一点，也不会随便答应你的要求，能做到五分的绝不会答应你十分。同样是适用法律规则的人，被搞关系的风格却完全不一样，这一方面跟各地民风有关，也跟经济发达程度有关，但说到底，都是跟个人的利益有关。江浙一带经济发达，公检法的待遇不太差，犯不着为了三五斗米把长期饭碗砸掉。

于是乎，同样的法条和规则在不同的司法人员手里就可以变幻出不同结果，给本来就麻烦不少的世界又增加了不少麻烦。是法条规定不清晰吗？还是司法人员对于法条规则的理解不一致？也许是，但很多时候，当司法人员的利益和规则适用联系在一起时，法条和规则的概念和边界就模糊不清了。可出可入的罪名，如果有了关系的操作就可以把人放掉；本来莫须有的事实，有了利益的加持，没有证据制造证据也要把人关起来，想办法套个罪名。刑事案子都可以这样做，更别说民商事案子了。

说到利益左右司法人员执法这个问题，很多时候我们只想到行贿人给的金钱和物质，再扩展一下想象力，可以想到美女来上你的床。其实，对于法律规则的适用和执行来说，这都是小恶。

真正的大恶是什么？

福柯在《规训与惩罚》一书中提出，现代社会的惩罚方式已经完成了由惩罚肉体到惩罚灵魂的转变。在现代文明惩罚观念的名义下，对于犯人的规训逐渐延展到普通人，权力对于公民的掌控从监狱延展到工厂、学校、军队乃至家庭，一个规训的社会就这样形成了。现代权力的文明和高明之处，在于通过各级组织、机构建立起来的严密监视系统，把什么是正常的、什么是不正常的，也就是把由权力确定的规范标准灌输给每个人。在这样的大背景下，如何制定规则，司法人员如何掌握运用规则，事实上已经不再是司法人员和法律专家的禁脔，它或多或少与利益集团的利益相联系。受利益的制约，哪怕在号称最自由民主的西方法治发达国家也是这样。

规则在完成掌控的同时，在保证社会稳定和经济发展上也起着重要的变速器作用。法律和规则一直伴随着人类社会，但从没有像今天这样，对于我们的生活有这么重要的影响。小到行人横穿斑马线，从楼顶往下扔一袋垃圾，大到罪犯被剥夺自由乃至生命权，无不与规则相关。规则的适用必须保证稳定、统

一、专业和持久，否则法律人和公民都会无所适从，这就是为什么法律和规则在现代社会越来越重要，法律行业越来越发达的原因。

某些司法人员因为贪腐而恶意曲解或错误适用法律，这固然是破坏法律规则的行为，但这只是小恶，真正的大恶在于法律概念被系统性地混淆，法律原则被成建制地破坏，这些行为，把本来自然平衡的法律生态系统打破，把法律规则涂抹上业余的荒唐色彩，规则本该具备的权威和尊严被打倒在地，比如常见的运动式执法、上级指派案件、某专项司法行动，或者变幻莫测的司法解释。这些行为和动作，短时间内可以有一定收效，但从维护法律的稳定、权威和尊严这些方面看，无疑是饮鸩止渴。这样的改变已经不是模糊规则边界的问题，而是直接改变规则了。规则的随意改变会导致社会成员丧失对标准的认定方向，导致经济生产力下降，严重的还会导致社会动荡，进而破坏权力的根本基础。规则的边界是由利益和权力所决定的，但利益和权力必须被规则所限制，而不是让规则无条件地服从利益和权力。

（2021 年 3 月 11 日）

审前羁押制商讨

去看守所会见被告人是辩护人的日常工作之一，每次在看守所会见被告人总会帮家属带个话，问候一下并问问里面的状况，听被告人说起看守所里面的生存条件，总是难以置信，但听得多了，相信这些被告人不可能串通起来骗律师。一些看守所的羁押条件已经到了非常恶劣的程度，到了必须进行反思和改变的时候了。

我们当前的审前羁押制度是羁押为主，取保为辅，这样的羁押制度设计原本是为了方便侦查和诉讼，但是随着社会经济发展和法治的进步，当前的羁押制度已经严重不能适应形势了。

第一，在一定程度上违反国际公约和人道主义。1957 年联合国制定的《囚犯待遇最低限度标准规则》（Standard Minimum Rules for the Treatment of Prisoners）是联合国关于羁押场所问题的最系统和最详尽的重要法律文书，该规则规定：监狱应具有良好秩序，不存在对生命、健康和身体完整的危险的地方；监狱是对任何囚犯都不存在歧视的地方；被法庭判处监禁本身就属于一种折磨人的惩罚，监狱的条件不应加重这种固有的折磨；监狱活动要尽可能围绕囚犯重返社会这一中心目标进行，监狱的规章制度应有助于囚犯适应和重返正常的社会生活。

就国内法规来说，目前有《看守所条例》和《看守所条例实施办法》等法规，这些法规给予在押人员的权利，明显是低于联合国《囚犯待遇最低限度标准规则》的，比如在押人员与家属的会见／通信权、律师自由会见权等在实践中都无法完全保证。随着近几年打击金融犯罪活动的大规模铺开以及扫黑除恶运动的开展，在押人员最基本的生存权利也被蚕食：原有的《看守所条例》规定了人犯每天享有一至两个小时的室外活动时间，但随着看守所的人满为患和警员不足，这一规定往往在实践中无法执行；大多数看守所都禁止人犯阅读书籍杂志；不少看守所房间人满为患，很难达到《看守所条例实施办法》规定的人均二平方米的最低要求，人犯在大通铺上睡觉翻身都困难，一旦气候变化就容易引发疾病迅速传染。

第二，侵蚀罪刑法定原则。按理说，刑法的"无罪推定"和"罪刑相适应"原则要求等待审判的人的人身自由权不被随意剥夺。在很多现代法治国家，审前取保是常态，审前羁押是例外。但在当前的羁押制度中，我国司法机关仍然大力贯彻"羁押优先"原则，将取保候审作为羁押不能的替代措施，对绝大部分嫌疑人（被告人）采取刑拘、逮捕等强制措施。有的地方甚至将羁押数字作为政绩考核指标。考虑到无法得到官方的正式数据，笔者在此只能采用某些民间的数据。根据有关论文提供的数据，某些地方取保候审的适用率仅为5%左右。在这样的现实状态下，并考虑到错案追究制给司法人员带来的业绩压力，很多已经被关押许久的被告人在刑事诉讼中，往往被采取和稀泥的方式得到一个稀里糊涂的判决结果，比如有罪缓刑、实报实销等，罪刑法定原则在实践中难以落实。

第三，容易形成冤假错案的温床。以认罪认罚制度为例，认罪认罚制度是近些年诉讼改革的一大亮点，不可否认，认罪认罚制度可以提高司法部门的办案效率，节约司法资源。但是，认罪认罚制度一旦和当前的审前羁押制度相结合，也许会产生制度设计之初没有预料到的结果。

较低的取保候审适用率，导致大量犯罪嫌疑人（被告人）在审判前被限制人身自由，有的甚至在审判前即被拖延关押一两年。看守场所恶劣的居住环境对嫌疑人（被告人）造成的人身伤害和心理打击是巨大的，这就导致案件进入起诉和审判阶段后，控方（甚至审判方）可以以"认罪认罚"作为手中的王牌筹码，压制被告人低头认罪。

第四，对司法制度造成次生灾害。大多数被告人审前被关押，这给被告人及其家属的正常生活造成了严重的困扰和影响。为了争取一个取保的状态，很多被告人及其家属就会想尽办法哪怕付出沉重的经济代价。取保成了办案人员手中值钱的权力，而但凡监督不到位的时候，权力就会被用来交易，由此产生一个交易黑市。交易黑市的存在衍生了一批司法掮客和骗子，所谓"找关系办取保"，就是打着这面大旗骗黑钱。在这个地下市场上到底有多少骗子、掮客，被告人及其家属到底被骗了多少钱，也许根本无法统计。最根本的问题在于，刑事诉讼中正常的强制措施及其变更已经完全变味，让公民对于司法制度的信赖度下降，破坏了公权的威严。

第五，侵蚀辩护人的辩护权。联合国《囚犯待遇最低限度标准规则》还规定了人犯的会见权，人犯的会见权包括与律师自由会见的权利。在原有的《看守所条例》中，规定了司法机关会见人犯的内容，对于人犯与律师的会见权语焉不详，这就给律师在看守所自由会见人犯制造了制度上的障碍。实践中，随着在押人员的大量增加，看守所等场所为了方便管理，往往对律师会见采取一些限制措施，比如携带物品的限制、会见时间的限制等，这就给律师与被告人之间正常的沟通交流造成了不便，侵蚀了被告人和辩护人理应得到的辩护权。

第六，与现代刑罚发展方向背道而驰。现代刑罚制度讲究精细化量刑和开放式惩罚，即把一部分限制人身自由的刑罚转变为有条件的社区矫正，以社区劳动或者行踪监督的方式来达到惩罚的目的。在当前监控技术已经非常完善的背景下，对缓刑的罪犯采取定位追踪和监控已经成为成本不高、监管方便的措施，这些措施完全可以普及到被采取取保候审措施的被告人身上。审前羁押制度在法院未确定被告人有罪前即大量长期关押被告人，与现代刑罚的发展方向也背道而驰。

至于被告人是否会在取保期间脱逃的顾虑，相信当前的电子监控手段完全可以解决这个问题，再何况，绝大多数符合取保条件的被告人也不会随意拿自己的自由去开玩笑。

第七，浪费司法资源，增加司法成本。随着城市建设的大规模展开，一些以前处于城市郊区的羁押场所也变成了城市中心，被迁移到更偏远的地方。司法人员的提审以及辩护人的会见变得路途耗时更久，工作小时被压缩，极端的情况甚至连正常的提审和会见都无法充分保证。对法院来说，在押人员往返审判机构的时间也增加，逃脱风险加大，正常的审理时间也被压缩。

在押人数的增加还导致羁押场所的扩建、监管人员的扩招，所有这些，都增加了各级政府的财政开支，增加了司法成本。

审前羁押制度已经到了必须改变的时候了。

（2021 年 4 月 15 日）

我可以看监控吗

　　我国是一个监控大国，据说现在全世界有近 10 亿支监控摄像头，其中超过一半都在中国。有关行业预测未来增长幅度将保持在 30%。即使隐私问题是监控摄像头最大的挑战，但从不断成长的需要看，除了中国外，印度、巴西等新兴经济国家需求量也很巨大，而传统的西方国家例如美国、英国等，由于法案、隐私疑虑等问题，摄像头增长幅度相对较慢。根据网络数据，在 2020 年，美国的监控摄像头普及率与中国相近，每 4.6 个人拥有一台监控摄像头，而中国的数字是 4.1 个人；到了今年年底，中国的这个数字将会提升到 2.7 个人。

　　考虑到美国的人口基数和中国的人口基数，中国的数字比例是相当惊人的。

　　出于打击犯罪、社会治安和反恐等需要，监控摄像头将会越来越多地发挥积极作用。监控摄像头是把双刃剑，一旦被不当使用，将会对整个国家和社会的稳定、法制体系和公民权利形成巨大的破坏，被某些别有用心者利用。在当前监控手段越来越精细、监控体系越来越完备的大背景下，去讨论监控存在的利弊似乎已经缺乏现实意义，我们需要坐下来讨论的，是如何把这个可怕的利维坦套上法制的辔头。

在西方国家，警察和政府对于监控摄像头以及视频录像负有保管和公开义务，遇到某些争议事件和极端案件，如果警察和控方在法庭上无法提供根据执法记录仪或其他监控设备所保留的执法记录或被告人犯罪记录，警察和控方会承担败诉以及保管不当的法律责任。在监控体系快速发展的我国，对于监控体系的管控目前还有待完善。且不说其他，就拿刑事诉讼程序中规定的审讯录像来说，当辩护人要求控方提供庭前审讯录像时，警察和公诉人往往会以设备损坏、时间仓促等诸多理由搪塞而不用承担任何责任，甚至于很多司法人员在对被告人进行审讯时，故意采用一些手段让视频无法满足后期的观看和听清楚对话的基本要求。在很多时候，法庭甚至还以同情的态度去容忍该种懈怠和故意的不作为。

连涉及人命的刑事诉讼都如此，遑论一般的普通监控。很多正常的热点事件或者公共事件，如果及时公开视频录像的话，都不会造成当初未曾预料的群体事件或恶性舆论后果。但在很多时候，由于缺乏完备的公示制度和舆论监督，以及司法和政府部门的傲慢和迂腐，往往就把很小的事情搞大了。

香港有一项法律程序叫死因聆讯，通过公开聆讯，让百姓了解一些公共事件中死者的死因，让市民了解死亡的真相，借此可以提供可行的建议避免同类死亡事件发生，让家属亲身听到及看到证据证人，从而对亲人的死亡感到释怀。2019年时有一个学生从停车场坠楼身亡的案件，整场聆讯持续了29天，出庭作证的包括警方、消防处、义务急救员等超过40名证人。主要原因就在于该死者坠楼前八秒钟没有任何监控拍到画面。对比这个案件，我们在处理很多热点事件时对于死者的尊严是何等粗暴和龌龊，官员们在维护自己的乌纱帽时做法是多么可鄙。

文明程度，就通过这样的对比暴露出来。

对监控体系的使用和监督很有必要提高到一个监控法的高度来运作。这部法律，对于监控的管制、使用、公示、隐瞒和破坏删减视频录音等文件需要承担的法律责任，必须作出严格的规定，而不是泛泛的毫无意义的橡皮条款。以后到了法庭上，不要去告诉法官和辩护人监控坏了。如果坏了，对不起，指控不成立，相关负责人员请承担破坏监控设备和证据的刑事责任。

摄像头是没有偏见和恶意的，有偏见和恶意的是使用它的人。

（2021 年 5 月 13 日）

法律人的暗知识

　　前几天去外地开一个医务人员受贿案，其中有一笔数十万的款项，受贿人说这是一笔受贿人转让一张高尔夫球卡给行贿人的转让费，而公诉人向法庭提交的行贿人笔录说这就是行贿款。虽然被告人在庭上认罪认罚，但我作为二辩还是发表了独立的辩护意见。

　　我认为这笔钱不是行贿款，理由如下：

　　第一，受贿人当初是花了数十万元买来的球卡，后来因为政府限制公务员高消费他只能将其转让，找来找去就找到了医院的供应商即本案中的行贿人，两个人当时还到高尔夫俱乐部办了转卡手续，行贿人除了支付给受贿人数十万元外，还向高尔夫俱乐部支付了十万元转让费。

　　第二，任何行业的行贿受贿其实都是有潜规则的，比如在医疗行业里存在的"扣点"，其实就是医药供应商给医生的返利或者说行贿比例，所以当一笔款项存在争议，且行贿人和受贿人说法不一时，还可以参考具体的"扣点"等因素。本案中的受贿人在长达十年的时间里，每年收受行贿人的数额最高不过七八万，而2016年发生的这个数额加起来是平时年份的四倍，这就非常不符合他们两人之间的行贿受贿规律。即便参考这个行贿人每年向医院供应药品和耗材的数量，也得不出 2016 年应该多给四倍的合同数额依据。

为了加强沟通，庭后我又和公诉人聊了几句，公诉人的一个观点真正惊到我了。公诉人说，事后他们去高尔夫俱乐部了解过，发现那张卡里"没有一分钱"，所以行贿人说那张卡不值钱，是受贿人强行转让给他的，他不要也得要。公诉人据此认为行贿人的说法更靠谱。我听了有点哭笑不得，说大哥，这张高尔夫球卡里面的确是没有钱，受贿人当初花几十万买的就是一个入场资格，他转让的就是一个入场资格，不是有价卡券。

由此想到一个辩护人如果平时没有一点三教九流的小常识，到了法庭上进行辩护会不会心中没底？之前办一个涉及期货的贪污案件，为了期货的事情没少和当事人沟通，本着不轻易相信任何人的态度，又去找做期货的朋友了解了相关情况，以核实当事人的说法是否正确，庭前还认真地申请有关鉴定人员出庭接受询问，只可惜法官没有允许。而即便做完了那个涉及期货的案子，今天你问我懂期货了吗？我只能实话实说还是不懂，因为我没进场炒过，期货没有在我脑海里产生记忆痕。

再比如毒品案件，从毒品源头到第一个集散地，一般的利润是多少，从批发到零售的利润又是多少？这都是有规律的。不论什么行业白道黑道亦有道，讲的就是很多违法犯罪行为其实也是有自己的地下市场规律和价格涨跌的。作为一个法律人，不论你是公诉人、辩护人还是法官一定要搞清楚，不能视而不见，这些都是定罪、量刑、公诉、辩护需要考虑的客观事实和规律。如果连一张高尔夫球卡的市场价值到底是什么，是资格价值还是消费价值都搞不清楚，如何办得出经得起历史检验的案件？

（2021 年 5 月 28 日）

不疯魔不成活

听一个同事讲，他替客户办一个催收工程款的案子，跟客户法务联系要证据材料，客户法务又去问工务部门，然而工务部门爱理不理，随便扔一点过来就敷衍了事。临到开庭了，同事都到外地法院了，他需要的材料客户工务部门依然没有备齐，把他急得团团转，在电话里大骂客户的工务部门。和对方律师在法庭上见了面，对方律师倒也爽快，说你们如果通过正常程序跟我们要钱肯定是要不到的，你看我们公司已经有一百多个执行案子挂在账上了，都没有一分钱执行到，你们只能是工务部门私下和我们老板沟通，看我们老板能否从账外找点钱给你们。同事听了恍然大悟，原来客户工务不配合律师是有道理的——人家工务比你律师更清楚法律到底能起多大作用。

很多律师就是这样子，接了一个案子做着做着就把自己当成了当事人，最后比当事人还上心，比当事人还着急，官司赢了好像自己中了五千万大奖，官司输了如丧考妣。刑事诉讼中有的死磕律师，为了当事人的利益敢和法官、检察官当庭对骂挽手袖，然后被叉出法庭甚至扔掉饭碗再甚至锒铛入狱成了真正的当事人，这也算是做律师做到最高境界了。不疯魔不成活不假，太疯魔也难活。

律师群体里，按照业务不同也分成不同的群体，你到律师事务所看那些成天西装革履把自己打扮成房产中介，喝酒时端个能装五百毫升的超级大的玻璃杯子，里面藏着五毫升新大陆当年产的红酒，晃过来晃过去说需要醒半小时，夹个雪茄一不小心火就灭了且嘴巴能一直保持滔滔不绝的，一般都是非诉律师，他们为了在客户面前有个好卖相，必须要装出这副模样。至于诉讼律师的模样呢相对比较杂一点，有的穿西装但故意不打领带，胸前衬衣扣子松开两颗，装出很忙但是依然要保持风度的样子，喝酒一般不分青红皂白，具体看喝酒的对象是谁再决定提供什么套餐，级别最高的就一条龙了。卖相最陋的估计是做刑事案子的律师，平时穿啥的都有，比如陋的我就爱穿 T 恤衫，因为我觉得把自己最高级的班尼路西装穿得一本正经去看守所，和看守所那个恶劣的成天散发着蒸馒头和大锅煮白菜味以及各种陈年体味的圈养环境相当不配。至于刑事律师的酒局呢，基本都是白酒，加上十个里面有九个老烟鬼，到时看那桌子上，烟雾缭绕、酒精泛滥、各种口水横飞骂人的，绝对是刑事律师。

扯是扯远了一点，我想说的是，你从穿着和饭局上就可以看出哪些律师谁更容易疯魔。当你把自己当当事人时，你就会穿了当事人的日常衣服，为了代理工作中的压力和烦恼试图用酒精和烟草麻醉自己；当你一直把自己当律师时，你就是那些客户心目中律师的打扮：西装领带，红酒雪茄，和莫名其妙的法律名词。

其实，刑事律师最疯魔的还不是穿着，而是他们对于刑事辩护和代理的前景预测以及代理过程中无所不在的压力这两者之间

不疯魔不成活 | 153

的冲突。他们非常清楚一旦要认真辩护会承受多大的压力，他们也清楚刑事案件辩护无罪的成功率有多低，他们更清楚我们的法治道路有多遥远，但依然还是像牛郎等待织女那样在银河边翘首以待哪怕每年等一日。最悲剧的是他们明明知道前景未卜还是依然一不小心就被代入，把自己当成了受苦受难的当事人，一定要想办法替当事人担忧解愁。结果不成功了就沮丧、失望、灰心，好像被判的是自己，睡一夜等接了新的案子又重新来过一次。

所以当你看到刑事律师难过的时候，离他远一点；如果想安慰他，请他喝个酒。

有朋友说他会算命，能看到未来如何如何，还能找到化解的办法。我笑笑不语。这世界你看透了又如何，你绕过了前命还有后命，终归都是命，看透了不躲不也是一种命？看透了不说是不是也可以算个大师？比如刑事律师，有的做做就不做了，有的做做就不再认真做，也有一直认真做下去的，哪怕大凶在前。

你说，谁的命更贵？谁更有大智慧？我看都一样。

（2021 年 6 月 22 日）

数字里的法治

　　本人可以算是比较铁杆的军迷，最铁时天上飞过一架军机都可以马上报出型号和基本参数。平时喜欢看一些军事书籍，其中有一本宗泽亚写的《清日战争》（即甲午战争）（世界图书出版公司 2012 年 6 月版）印象颇深，该书作者援引了大量原始数据来分析清军失败的根源。令人扼腕的是，这些数据全部来自日本国内收藏的历史文献。战败的清朝不要说数据，连战死士兵的姓名都没有留下。

　　日本人做事情和对信息数字的把握细致到什么程度呢？可以用"恐怖"这个词来形容。他们留下的各种数据，大到清国每省参战的步队和马队的人数枪械数、每艘战舰的武器参数，小到日军每次战斗消耗的炮弹数、枪弹数，缴获的清军炮弹数、枪弹数，消耗和缴获的枪弹数统计可以细致到个位数。

　　面对这样的对手，清军焉能不败？

　　今天之所以想写这篇文章，是一则新闻引起的。根据中央纪委国家监察委网站 8 月 18 日一则消息："第一批政法队伍教育整顿和'回头看'结束，近 2 万名干警向纪委监察委投案……记者从全国第二批政法队伍教育整顿动员部署会议获悉，第一批政法队伍教育整顿和'回头看'期间，全国向纪委监委主动投案的政法干警近 2 万人，立案审查调查涉嫌违纪违法干警 49 163 人，采取留置措施 2 875 人，综合运用四种形态处理处分干警 178 431 人，其中第一种形态占 83%，第二种形态占 14%，第三种形态占 1.9%，第四种形态占 1.1%……"——这个数字的确有点吓人，但光看这个数字是没有什么意义的，还要看其他数字。这里说的"政法队伍"应该是指公安警察、司法警察、国安人员、检察官、法官和其他司法人员。这个"政法队伍"的具体人数是多少呢？我在网上查了一下查不到具体数字，有 200 万的说法，有 300 多万的说法，我们姑且用一个大一点的数字，就算 350 万吧，350 万人当中有 2 万人自首，要知道这些人对于自首意味着什么是非常清楚的，换句话说，他们都确认自己的行为已经涉嫌犯罪，所以才去自首。

先不谈纪委监察机构侦查出来的数字，光看这个自首的数字就已经有点吓人了，350 万人里有 2 万人自首，这意味着这个行业里的"犯罪率"高达 0.57%。我们拿最高法院 2021 年工作报告里披露的数字作个对比，根据最高法院 2021 年工作报告，2020 年全国法院审结的一审刑事案件是 111.6 万件，判处罪犯 152.7 万人，拿大陆人口数量 14 亿作为衡量基数，全国人口犯罪率是 0.11% 左右。

这意味着，政法队伍的犯罪率是人口平均犯罪率的五倍以上。这里加了个"以上"，是因为我这里算的只是自首的数字。

是什么原因造成高犯罪率的？如何才能在未来改革这个顽疾而不是靠运动式的打击？这是一个值得研究的课题。

单单得出犯罪率高这个结论还没有完，我们接着看这则信息："……立案审查调查涉嫌违纪违法干警 49 163 人，采取留置措施 2 875 人，综合运用四种形态处理处分干警 178 431 人，其中第一种形态占 83%，第二种形态占 14%，第三种形态占 1.9%，第四种形态占 1.1%……"这是什么意思？这里讲的四种形态是这样的：

"第一种：党内关系要正常化，批评和自我批评要经常开展，让咬耳扯袖、红脸出汗成为常态。第二种：党纪轻处分和组织处理要成为大多数。第三种：对严重违纪的重处分、作出重大职务调整应当是少数。第四种：严重违纪涉嫌违法立案审查的只能是极少数。"

也就是说，真正走入司法程序的是第四种，在 178 431 人中，只有 1.1% 即不到 2 000 人算是"第四种形态"，那么这个数字与前面讲的采取留置措施 2 875 人之间又是一个什么关系？

这篇报道没有讲。

但无论如何，哪怕有 2 万人自首，最终采取留置的（或者说是第四种形态）只有不到 2 000 人或者 2 875 人，这是不是对政法队伍的"自己人"相对比较宽松？和其他行业的犯罪人相比，是不是存在适用法律不公平的问题？

最近这几年刑事律师最直观的感受，就是去看守所会见嫌疑人和被告人越来越难，从嫌疑人和被告人反映的信息来看，羁押场所里越来越拥挤，很多监室实际羁押人数超出了设计标准。虽然很多羁押场所都在扩建，预约排队系统也在建立完善，但会见难依然未得到根本缓解，疫情更加剧了这个难度。如果这种直观的感受只是某地律师的，那可能是一个地方性的问题，但如果我们结合一下最高法院的工作报告，就会发现这种感受不是地方性的。拿 2014 年全国法院判决的罪犯数 115.8 万人和 2021 年全国法院判决的罪犯数 152.7 万人相比，7 年来年均犯罪人数上升了 32%，考虑到中国这 7 年的人口数量没有什么大的变化，这个犯罪人数上升的幅度是有点小惊人的。在这里还没有考虑这些年检察机关提高不批捕和不起诉率隐去的数字。

从犯罪学角度看，犯罪数量上升的原因，或者是社会经济恶化，或者是立法司法更加严苛，或者是其他社会原因。从个人直观出发，以刑事方式扩张解决一些本该由民商事手段或者行政手段解决的社会经济问题，也许是犯罪率上升的一个原因，比如对于 P2P 犯罪的严厉打击，有没有考虑到当初政府政策引导的问题？事实上，如果关于犯罪率和罪名等更多细节数字可以被公开的话，我们可以比较清晰地梳理出犯罪率上升的原因。但我国历来对于刑事案件相关信息采取严格的保密措施（例如死刑数量不公开，大部分刑事案件判决书不上网等），使得有些问题无法从数字中得到答案。

法治建设应该包括信息数字的建设，不仅数字的统计归类要科学化、专业化，还要把相关信息和数字向社会公开，只有这样，才能让法治建设在阳光下被监督，让法治真正向现代化方向前进，可以避免有关群体犯罪率数倍于平均水平这样尴尬情况的出现。

经得起历史检验的不是口号和文件，而是那些冷冰冰的数字。

（2021 年 8 月 25 日）

律师大师圣人

原来在法院做法官时习惯了板着脸，内心里再有十六级汹涌波涛也不会在脸上表露出来，更不可能让被告人的喜怒哀乐来影响个人对案情和法律适用的判断。后来转行做了律师，发现自己不具备隔壁王律师那种把客户骂得狗血喷头、客户依然不离不弃爱王律师一万年的超级武功，只好把垮着的苦脸努力挤出几条皱纹来写一个笑字，学习察言观色，听客户言观客户行，给客户悲惨的心灵一点点慰藉。

当事人来找律师不是来学习法律的，他只是想知道在他面临的悲剧中，法律会带给他什么样的命运。在这个时候，律师就必须给客户一个判断，并为客户争取到最好的结果。这个判断和争取的过程，就体现出一个律师的价值。

要给客户一个完美的判断并争取最好的结果，必须具备三要素：扎实细致的法律基本功是第一个，但这远远不够，我们律师还必须要有外科医生对手术病人的革命人道主义精神，以及摸一摸客官手掌（男左女右）就说出精准预测的算命先生素质。

当然具备了这三要素也并不一定能够蜕变为一个成功的律师（即律师群体里的大律师，我们在此简称大师）。毕竟律师行业里二八定律是一个客观规律，从律师到大师的蜕变，就像是一场十公里马拉松，很多一起跑的人跑着跑着就没了，剩下的跑着跑着发现自己就成为了历史的缔造者。

这些年来，随着我国法治建设的飞速发展，一些不学无术的律师同行开始跟不上形势，原来学的法律知识和原则，已经明显落伍无法准确判断案情。比如以为是根本无罪的，在各种网络媒体哇啦哇啦乱叫要求放人或者取保，没想到当事人马上被批捕；比如认为最多判三到五年的，被法院判了十年；比如以为认罪认罚、检察官已经告诉可以缓刑的那肯定缓刑，没想到认罪认罚书签字了，在事实没有任何变化的情况下，检察官还可以直接变更请求判三年实刑。

这不好意思的脸啊，被铁砂掌打得啪啪啪的。如果刚入行的小朋友也就算了，但很多时候栽在滑铁卢的不仅有拿破仑，还有我们的大师们。因为大师真把自己当大师了，以为自己的经验可以用好多年，他们哪里想得到我们的法治建设速度如此之快。当年哲人就说过，人不可能两次踏进同一条河流，律师不可能忽悠两个当事人。这话，大师们收律师费时都忘了。

有一次，洪律师作为家庭煮男走在菜市场的路上，看见一个算命先生蹲在路边，旁边立了个旗帜，上书"不用开口测出姓氏"，想起我们律师给客户判断是有法律条文和司法经验作为依据的，但现在很多律师在给客户判断时说话越来越谨慎，生怕跟不上形势或一不小心踩雷，而算命先生们给人算命全凭他们的原始心理学经验，几千年来这职业一直生生不息，说明人家是有独门绝技的。洪律师心里就暗暗称奇，但彷徨半天还是没敢上去一试，暗想万一心里那些龌龊念头被算命先生看出来说出来该如何收场。我们默默对视十秒，洪律师毅然掉头而去，无名无利，任凭拖鞋扬起的尘土经久不落。

现在律师行业刨食吃的同行多了，就有人改了工作方式做起传道授业解惑的事情。有正儿八经让徒弟跪下磕头享受尊长的，也有收钱开堂讲课的，一不小心就收不小的数目。讲的也是五花八门，比如讲年轻律师如何心怀法治理想，讲如何让法官在法庭上认真听我辩护，或者讲如何匡扶正义不畏艰难把死人变活的，讲着讲着就把经验放大五倍、十倍，把一两个无罪案子讲过十年、二十年，让弟子们听得哈喇子直流把师父的名字广为流传。话说回来，讲课能让年轻律师少走弯路尽快成长这当然不是坏事，而一旦讲课成了赚钱的生意，年轻律师要把很多辛苦赚来的起步费奉献给大师，那大师的感觉就有点变，必须要加个抬头，称之为钱大师。

所谓师父不仁，以徒弟为刍狗。

（2021 年 9 月 29 日）

法律的悲悯

近日，桂林市灵川县人民法院公开审理了一起盗窃案：被告人毛某将网络上风靡一时的"偷菜"游戏搬到了现实中，多次到别人的菜地里盗取韭菜等蔬菜，后被认定获利8元。法院认为被告人毛某的行为已构成盗窃罪，判处其有期徒刑6个月，并处罚金人民币1 000元。

听上去有点荒诞，但的确是发生了。按照我国刑法的相关规定，判这哥们儿没有任何问题。但是，等等。

大明星偷税漏税一两个亿只要补齐了税款就可以被放过，贪官贪污几十万也不过是判几个月一年或者缓刑，毛某偷了几次菜卖了8元钱就要进去蹲半年。大家都是偷，为啥结局如此不一样，这法律是公平的吗？

法律当然不公平。

比如死刑，有的国家早已废除，但有的国家仍然在执行，甚至美国不同的州都有不同的规定，有的州早已废止死刑，有的州仍然在适用。比如通奸，在大多数国家早已不是犯罪，但在一些国家仍然是；比如吸食大麻，在荷兰满足了年龄等条件就可以合法吸食，但是你出了荷兰就不行。等等。

有人会说这是国家和国家之间的区别，没有可比性，那么如果我告诉你，假如你在 20 世纪 80 年代先后跟三个以上的女孩子谈恋爱并上过床，就可能被判流氓罪，你觉得这公平吗？六七年前如果官员贪污了十万元就触及十年以上的量刑线，而现在这个标准已经上升到了三百万元，你说这是法律的进步还是倒退？再比如很多经济犯罪，北上广深等一线城市的量刑标准就要比西部城市的高（即犯罪数额起点更高，因为这些一线城市经济更发达），你觉得这公平吗？

法律永远都不可能绝对公平，正如法律不可能保证永远都出不了冤假错案一样，不管是英美法还是大陆法，都有它自身的缺陷。只要是人动脑子干的事情，就会出错。

那么贪官贪三百万才十年，明星补一两个亿税款都没事，而毛某偷 8 元的菜就要蹲半年，这里的问题出在哪里？

有人说，其实不就那句话嘛，窃钩者诛，窃国者侯。这句话对，但不全对。很多时候，法律里的数字不是单纯用经济价值来衡量的。立法者在出台法律时，当然要分析它的经济价值，但更主要的是考虑它的社会价值，考虑它规制民众行为的合理性和可操作性以及工具性，这种工具性不论在哪个法律体系中都存在的，只是五十步和一百步的差别。

法律有没有相对的公平？

有，当然有，但这也是人动脑子干的事情。一个习惯性的精神病理性的盗窃犯，和一个盗窃国家金库的盗窃犯，再和一个因为没有其他办法和收入只能偷点蔬菜过日子的盗窃犯，其犯罪动机和目的肯定是有区别的，法官在具体量刑时就应该仔细地考虑一下，看看相同的刑罚对他们来说会不会效果不一样。所谓罚当其罪，至少在相同或相似的行为中是可以体现的。如果毛某的确是因为贫穷而去犯罪，我们是不是可以采取变通的方式来完成惩戒？比如在侦查阶段就用取保候审，判决时采取缓刑的方式？

2007 年，北京的廖丹妻子被查出患有尿毒症，为了维持巨额的医疗费用，廖丹伪造了医院的收费公章，4 年间"骗"来了17.2 万元的治疗费用。2012 年 2 月 21 日，廖丹因涉嫌犯诈骗罪被羁押，3 月 8 日被取保候审。后北京市东城法院以诈骗罪判处廖丹有期徒刑 3 年，缓刑 4 年，并处罚金 3 000 元。

2011 年 5 月 16 日 9 时许，卧病在床的邓明建之母亲李术兰（七十三岁）死亡。经调查，系赡养了其二十年的儿子邓明建为了不让母亲再承受病痛折磨而购买农药让母亲服下身亡。广州市番禺区法院以故意杀人罪判处邓明建有期徒刑 3 年，缓刑 4 年。

2013 年 1 月 10 日，广东佛山小夫妻钟权桢、叶霞以每张收取 5 元或 10 元的费用，帮助外来工订购火车票共 72 张（票面总价值 11 691 元），被肇庆铁路公安处查获，警方称之为该省最大的倒卖火车票黑窝点。两人随后以涉嫌倒卖火车票被刑事拘留。事情经媒体报道后引起社会轩然大波，1 月 23 日在被羁押 12 天后，警方对两人取保候审。此案最终以行政处罚的方式结案。

这就是法律的悲悯。

在没有看到毛某判决书全文前，我们没有权利去指责执法者，也许我们遗漏了什么。我要表达的是，每个人都有自己的痛苦，痛苦并不可怕，最可怕的是我们对于他人痛苦的麻木，尤其是执法者的麻木。

有一次和女儿聊天，聊到她研究的心理精神病学话题，她谈了很多心理精神病的类型。我想了想问女儿，当你看到眼前的一片原始森林时，你可以告诉我哪棵树是"好树"，哪棵树是"坏树"吗？女儿想了想说不能。我说，我就是这个意思。

（2021 年 11 月 25 日）

司法的迟滞

　　半年前娃的某体育课外课经营公司跑路，欠下了几十位家长数十万授课费没有归还，家长们一时不知该如何是好，这授课费的数额不疼不痒，讨要成本极高，估计这家总部位于外地的经营公司也正是瞅准了这一点才敢如此肆无忌惮。好在群里有几个律师，商讨了应对策略，觉得实在不行那还是找官家吧。律师们知道官家动作慢，先找了某知名媒体爆料该下流公司。媒体朋友肯帮忙，马上发了稿子，家长们一阵高兴，赶忙在各个圈里转发，没曾想才发没多少就被封杀，原来这些网媒体也是有价值取向的。实在不行，律师们去找派出所，以涉嫌合同诈骗控告，警察们答应协调，但最后的通知是属民事纠纷，不予立案，连书面的不予立案通知也不给一张。想借警察吓唬对方的招数不行了，律师们又转战法院，但因为到了年底，法院立案庭也以各种理由把律师们递进去的诉状扔出来。家长们不信，拿了个最高法院关于年底立案的视频给律师看，说不是说了不许不给立案吗？律师们苦笑，说我们下次拿着这个视频去立案庭。

　　是这些司法人员懈怠渎职吗？

　　前几天看网上有篇文章，讲 2020 年有 29 名法官因超负荷或被杀害等原因在岗位上去世。11 月 23 日，最高法院新闻发布会公布一组数据，今年截至 11 月 15 日，全国法院收案 3 051.7 万件，结案 2 391.9 万件，员额法官 12.7 万人，人均结案 188 件。早在 2010 年时，全国法院案件数量暴增，收案达到 1 137 万件，法官人均结案 150 件，全国"两会"上就有代表提出要关注法院案多人少问题。与案件持续高速增加相比，法官人数却在不断减少，2017 年完成员额制改革时，全国法院 12 万人，比 2010 年相比减少了近四成。如果再考虑全国各地经济发展的不平衡，在某些地区出现法官承办案件翻倍甚至数倍的情况也就不奇怪了。加之法院的各种考核制度，这就出现了一方面最高院发言人讲话不允许不给立案，另一方面案件数量巨多的某些法院为了赶结案数在年底不愿接案这样的状况。

反正工资也不是你最高院给。

又听有的警察朋友们讲，明年他们的薪水要降，虽然事情是越来越多。

我手上的几个刑事案子，当事人动辄就关一年多两年才一审结案，当事人苦不堪言，律师跑看守所跑得吐血。有朋友托过来的劳动案子，找了同事去打，一审一打就一年多，这期间联系法官，三个电话号码打了无数次，居然只找到过一次法官，把当事人搞得差点心脏病发作。有朋友说，某一线城市中院执行局，因为各种你懂的原因，目前只剩下两个员额法官在办案，你想想他们手上有多少执行案子？这种迟滞，虽然有疫情的原因，但更多的还是法院人手不够以及事情太多，以及制度内的各种自查、审查和各种学习。今天有个朋友的朋友来电话，说有个工伤的案子想请律师，我说你如果能等半年到一年的话你就来办手续。

朋友说一年？

我说对，365 天，闰年是 366 天。

体制内的司法人员的确很辛苦，尽管他们当中也有不少坏菜的。但是，迟到的正义真的有其法律价值吗？当事人花重金或者耗费半生一生才能得到的正义，是不是符合法治的初衷？当前的迟滞状态导致了很多社会上的权益受损者，尤其是底层的民众无法快速高效地从司法途径得到救济，而这些民众，恰恰是最需要司法救济的，因为这是他们对于公义和良知最后的寄托，甚至是社会生存意义的寄托。长此以往，司法体制的尊严和信任将会被破坏。而最根源的问题还在于，这种状态不是司法体制自身造成的，司法体制是在被动地接受这个现状，被动地去解决相关社会矛盾。司法只是一个出口，当前面的管道出问题时，法院领导出来拍一万个视频也没用。就拿文前那个下流公司来说，他们之所以撤出也是因为他们母公司的主业是房地产，而现在房地产的生意不好做，他们也在亏本。

而礼就是这么崩、乐就是这么坏掉的。

（2021 年 12 月 6 日）

杰伊·比姆

在我的印象中，印度电影总是漂亮的女主和帅气的男一号在一起哭哭笑笑唱唱跳跳热热闹闹，最后搞一个大家都开心的冰糖水结局，所以我看印度电影都是以消遣放松为目的，偶尔边吃零食边看一部。这次为了一部印度电影《杰伊·比姆》(《Jai Bhim》)写篇文章，也有点出乎我自己的意料。据说这部讲印度人权（renquan）律师的电影，IMDb 评分 9.5，而影史排名第一的《肖申克的救赎》也才 9.3。

IMDb 是什么鬼？我也不知道。

影片伊始，一群刚刚从监狱放出来的低种姓犯人，又要被抓回去顶罪，因为警察局需要用他们顶包提高破案率……

这部电影是根据 1993 年发生在印度 Cuddalore 地区的真实事件改编的。低种姓部落成员 Rajakannu 被指控偷盗珠宝，后被警方拘留。在遭受警察的酷刑后，Rajakannu 在拘留期间死亡。为了掩盖罪行，当地警察将他的尸体移至邻近的地区处置，声称他已逃脱拘留。但 Rajakannu 的妻子 Parvathi 并未相信，而是找到了马德拉斯高等法院的律师 K Chandru 维护她丈夫的权益。经过 K Chandru 律师长达 13 年的不懈斗争，法院裁定这是一起羁押死亡案件，被告警官因谋杀 Rajakannu 而被判处 14 年有期徒刑……

虽然可供挖掘的内容很多，但这部电影并未去深究主题，再具有政治启蒙意义的电影也必须考虑它的商业价值，尤其对宝莱坞的金主们而言。但无论如何，这部电影也还是惹了不少麻烦，电影上映后，主演就受到过人身威胁。在种姓制度存在、政治派别众多、司法效率低下的印度，这部电影能拍出来本身就是一个奇迹。

K Chandru 律师年轻时是印共党员，后来因为某事件的政治观点不同被开除。他被开除出党后，不再加入任何党派，作为个人为人权事业一直在奋斗，后来升任高等法院法官。

在他担任马德拉斯高等法院法官的六年半时间里，他处理了 96 000 起案件，这是一项了不起的壮举。除了平均每天审理 75 起案件等令人难以置信的壮举外，他还做出了一些以社会正义为中心的里程碑式的判决，其中包括女性可以成为寺庙的牧师，应该有一个不分种姓的共同墓地，以及为确保政府雇员的心理健康，患病者可免于被解雇……

K Chandru 大法官是一个生活俭朴的人，他一生都在为受压迫的人而战。在 2013 年接受法律出版物 Bar and Bench 采访时，他说："金钱从来都不是标准。我过着完全不同的生活方式。我的志向不是成为'五星级律师'。"作为一名法官，他会要求律师不要像惯例那样在法庭上称他为"我的主"。他不希望拿着钉头锤的人宣布他到达法庭，拒绝了个人安全官（PSO），因为他认为这已经成为"更多的身份象征，而不是基于任何实际的威胁感知"，并宣布了他的个人资产在他作为法官的第一天和最后一天。事实上，退休后他放弃了他的公务车，乘坐当地的火车回家。

影片故事的最后，Rajakannu 的妻子住进了法庭判决建设给她的新家，但这个角色背后的真正女性 Parvathi 在案子结束之后依然长期生活在贫困之中。她如今年事已高，却住在潮湿的贫民窟里，连个像样的厨房都没有。电影主创团队找到她时，导演被她的恶劣居住环境所震惊，并且许诺会给她建一座新房子，部分影片收入也会用于改善她的生活。

片名《杰伊·比姆》(《Jai Bhim》) 直译成中文是"比姆万岁"的意思，这是印度人民为纪念伟大的种族平权者比姆拉奥·拉姆吉·安贝德卡尔而喊出的口号，他出身卑贱，就是前文所提的"不可接触者""贱民"。他一生都在为提升"贱民"的社会地位而作斗争，推动并主持印度独立后第一部宪法的制定，构建了印度宪法的基本原则，被誉为"宪法之父"或"印度共和之父"。"杰伊比姆"是一种精神的传承，是这个不公平和不平等的世界上弱小人民斗争的旗帜，这面旗帜指引着 K Chandru 律师，指引着所有的人权捍卫者，指引着宗教信仰不同但都景仰公平和正义的人民。

去看电影吧，虽然没有美女，但电影里的 K Chandru 律师很帅，从某个角度看还有点像切·格瓦拉，比生活原型帅多了。

（2021 年 12 月 16 日）

法 / 律 / 的 / 悲 / 悯

第五篇　再做法律人

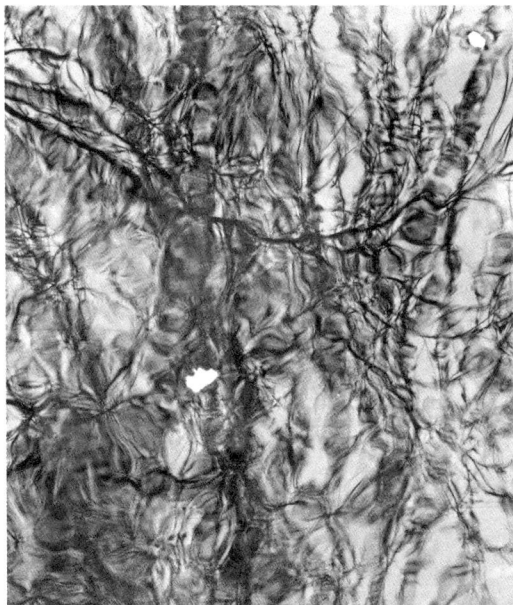

保安大哥

在刑事辩护的生态链里，除了苦命的被告人以外，最高端的当然是那些法庭上看不见的掌权者，其次是各类司法人员，比如监察人员、警官、检察官、法官，然后是各种保安，然后才是律师。

保安？为啥保安还排在律师前面？对，保安，今儿就说说保安。

不论律师去哪个司法单位，首先要面对的往往不是承办人员，而是门口的保安。保安里百分之九十九的大爷大叔大哥大姐都是好的，尽职责、守规矩、热心肠、讲仁义、有同情心，但也有百分之一的保安大爷大叔大哥大姐就把自以为是的律师们甩在了食物链的末端。

我这里说的就是这百分之一哈。

保安大爷大叔大哥大姐们入不了正式编制，干的都是脏活累活，心里有苦在发工资的雇主面前说不出，眼看着这些人模狗样的律师没干啥事情动动嘴皮子就拿那么多的律师费，他们心里的酸涩那是排山倒海的。所以，聪明的律师到了司法单位门口，总是要客客气气地打招呼，放下自己在客户面前摆出来的身段，在保安大爷大叔大姐们面前努力挤出自己的小来。

当然，有的事情是你自找的。做人嘛，不论你做到多大的拿，都不该显出自己的大来，否则……

你说你想见见张警官、李检察官、王法官？有约过吗？没约过？对不起不能见。约过了？你知道他电话吗？问我？我没有他电话（虽然保安室办公桌玻璃板下就是一大张单位电话号码页），哦，有电话？（拨打一通）对不起电话没人接，啥？你要进去找？我怎么敢把你放进去？这里是司法单位，很重要的部门，我哪能随便把闲杂人员放进去，放进去我要下岗了！你是律师？为什么律师不能进？律师咋啦？律师也是人民啊，也必须要遵守国家法律对不对？你来这个单位就要遵守这个单位的规矩对不对？你要等？你要等我不拦着，但麻烦你不要拦着后面的人，你靠边站好不好？啥？你时间很宝贵，要多挣钱是不是？对不起我不收你回扣！你要投诉？问我工号？我一个小保安，没工号，你要投诉你去投去投！我姓啥？我为啥要告诉你？

如果你做人低调谦和、老谋深算，早考虑到了这一点……

你这个律师就是会说话，啥老师啊我们不是老师，我们是小保安。我们一点都不辛苦，还是你们律师辛苦啊，辛苦都有回报。别骗人了，怎么可能才赚这点钱，我又不收回扣，瞧你小心的。不抽烟，我们这里不让抽烟。张警官刚出去了，我看他开车出去了，你今天下午估计都找不到他。要不你明天早上来吧，或者你留个电话，等他回来了我问问。如果你相信我，你也可以把材料放我这里，我帮你转交。你很急？找其他警官也行？那我打电话帮你问问，你等等啊……你上去吧，去找他们的李探长，在进门右转上二楼的 203 办公室。不用谢，我们该做的。

辩护人的工作时间里有一多半都在和看守所打交道，所以，搞好和看守所门口保安的关系，可以说是辩护工作的重中之不轻，为平时的会见打开了一扇方便之门。如果你懂事的话也就算了，如果你不懂事，而且是在疫情时期……

说你哪，穿西装、戴眼镜、大肚子、光头的那个，为啥不戴口罩？手套呢？核酸报告有没有？是四十八小时以内的吗？超过四十八小时的没用啊。承诺书上签字！这几个地方为啥不勾选？把手伸过来量体温！委托书带了吗？委托书上为啥没有当事人本人签字？律师证？身份证？不行的，缺一个都不行。不是我为难你，你不要为难我好不好？我们一个小保安，只是履行工作职责而已。介绍信上为啥不填案号？为啥介绍信上不留手机号？介绍信不让涂改的你不知道吗？重新换一张。啥？没带空白介绍信？你事务所太远了回不去？对不起这个我帮不了你，你重新预约再跑一趟吧，今天来不及就来不及了。你早上四点就来排队了？做律师挣钱当然很辛苦啦，一分耕耘一分收获嘛。上诉期马上要过了？一定要见当事人？你手续不齐我怎么敢放你进去？当事人的权利？那是你的问题，不是我的问题，你冲我吼没用。下一个！麻烦你不要妨碍我们工作好不好？你让开让其他律师办手续。你叫我老师也没用，我真不能放你进去好不啦……你这个行程码上有星号不让进，我不管你有没有核酸，就是不让进……你这个地方在我们的禁止入内名单上，我不能放你进去。清零了？领导没通知我，对不起还是不让进……

有一次，在某看守所被要求穿戴防护服，我说真没带呢，保安热心地说没事的没事的，然后拿起电话一打，旁边就闪出一个生活律师，保安朝他一努嘴，说防护服。生活律师看看同行，说八十。好不容易到看守所了，还想啥呢，加个微信花八十元买一套一次性的防护服去会见。会见完上淘宝一搜，这样的防护服也就不到二十元。当然也有很好的地方很好的保安，几个月前我去湖北的一个看守所没带防护服，看守所的保安直接就给了我一套。问多少钱，保安说不要钱，我拉不上拉链，保安还热心地帮我拉上。

除了防护服，还有不少保安和看守所门口的生活律师联手做着不少其他生意……有些正常律师办不到的事情，尤其是当事人生活上的必需事情，去看守所门口找保安、找生活律师，他们肯定有办法，所谓靠山吃山不是一句空话。

最挠心的是一次去浙江某看守所，会见完出来上了当事人家属的车。当事人家属说，洪律师你进去后保安跟我聊天，讲起你们律师满是不屑，说我们就是要刁难他们。家属问为啥？保安说你们这些律师为了赚钱，不管有没有疫情满世界乱窜，不是病毒的积极传播者是什么？律师可讨厌了。

我说他们说得有道理，律师是挺讨厌的。

（2022 年 1 月 6 日）

麻烦这位同仁让一让

近年来，在一系列全国性热点案件中，都出现了法援律师与委托律师的不正常竞争，导致当事人和家属委托的律师无法正常行使辩护权，即所谓的占坑辩护。法律援助制度本来是为充分保障当事人辩护权而设计的兜底制度，但歪嘴和尚念歪经，有的地方为了所谓的维稳和颜面，把这项本来初衷很好的制度用来维护自身权益，利用法援律师剥夺、压制当事人的合法辩护权利。为此，2022 年 1 月开始施行的《法律援助法》第二十七条（以下简称第二十七条）规定："法院、检察院、公安机关通知法律援助机构指派律师担任辩护人时，不得限制或者损害犯罪嫌疑人、被告人委托辩护人的权利。"司法部在 3 月 21 日公布的《法律援助案件办理程序规定（征求意见稿）》第二十八条（以下简称第二十八条）规定："法律援助机构已指派律师为犯罪嫌疑人、被告人提供辩护，犯罪嫌疑人、被告人法定代理人或者近亲属又另行代为委托辩护人的，律师应当确认犯罪嫌疑人、被告人的意愿，由犯罪嫌疑人、被告人确定辩护人人选，并及时向法律援助机构报告。法律援助机构按照有关规定进行处理。"

这些立法的初衷无疑是积极的，有观点认为这些规定明确了委托辩护优先于指定辩护这一原则，不过我总会把事情先往悲观的方向去想。《法律援助法》和《法律援助案件办理程序规定（征求意见稿）》虽然有了相应的规定，但从实务角度出发，要说通过这两个条文就已经确立了委托辩护优先原则还为时过早。我们假设一个场景：如果嫌疑人或被告人"一定"要法援律师担任辩护人呢？至少从字面上看，这种情形并未违反第二十七条。

真要确立委托辩护优先原则，在实务中还要解决如下问题。

第一，需要进一步明确赋予委托律师的自由会见权。

第二十七条只是确定了一个"不得损害"原则，从字面上不能明确得出委托辩护优先这样的结论。第二十八条只是规定了先有法援再有委托时，法援律师必须和当事人确定意愿和人选，并及时报告法援机构，由法援机构"按规定处理。"司法实务中，当法援律师担任着辩护人角色时，很多羁押场所是不允许超过二人以上的其他辩护人自由会见当事人的。按照第二十八条的规定，当法援律师和委托律师发生冲突时，法援律师依然掌握着决定权：他有权先予确认嫌疑人和被告人的意愿，再向法援机构汇报，法援机构再"按照有关规定进行处理"。这一确认周期有多长？汇报周期有多长？法援机构的处理周期有多长？有关规定是什么规定？在此期间，委托律师有权会见嫌疑人或被告人吗？征求意见稿并未明示，羁押场所也不可能给委托律师开绿灯。而在刑事案件中，辩护人和当事人的早期接触非常重要，会直接影响到案件的未来走向，委托律师不能尽早会见当事人，对于当事人的权利保护非常不利。只要法援机构未按规定进行处理，法援律师就依然还可以阻碍委托律师会见当事人。

第二，这一规定未赋予委托律师的法律救济权利。

根据第二十八条，当法援律师和委托律师发生冲突时，和当事人确定意愿和人选的会见权是掌控在法援律师手里的，法援律师会如何确定当事人的甄选意愿？会不会在确定过程中实施引诱或胁迫行为？确定意愿的过程能否全程都以视频方式记录下来，以供委托律师权利救济之用？

目前大多数的羁押场所对侦查人员的审讯都有能力全程视频记录，对于法援律师的此类会见采取全程视频记录应该不存在技术难题，问题就是当"嫌疑人或被告人一定要法援律师担任辩护人"这样的情形发生后，委托律师是否有权向羁押场所要求调阅该类会见的全部视频以明确确定意愿这一行为的有效性？

之所以赋予委托律师这样的权利，是因为在刑事案件中，如果当事人或其亲属有机会委托律师，一般是不会选择法援律师的，毕竟和委托律师相比，法援律师在经验和责任心上还是存在一定差距。所以当"嫌疑人或被告人一定要法援律师担任辩护人"这类反常情形出现时，委托律师提出合理怀疑并要求查看视频也就合理了。

如果确定了法援律师在确定意愿过程中存在引诱或胁迫行为，那么接下来就出现了第三个问题。

第三，嫌疑人和被告人"被强制援助"的法律后果是什么？

仔细看下来，不管是《法律援助法》或者《法律援助案件办理程序规定（征求意见稿）》，对此都未给出规定。

一旦坐实法援律师在确定嫌疑人和被告人选择意愿的过程中存在隐瞒相关信息，有引诱或胁迫行为，对于该法援律师是否要采取惩戒措施？比如限期停业、吊销律师执照乃至触发刑事犯罪？而对于与法援律师有共同故意的相应法援机构又该采取什么措施？

最重要的一点，如果案件在前期未受阻碍地进入到公诉和审判阶段时，因该法援律师参与而得到的案件的所有证据的有效性是否可以被否定？

这些措施，目前这两部法律法规均未明示。

要玩真的我们就玩真的，一个字一个字地推敲下去。法律讲究文字内涵和外延，法律条款更讲究逻辑性和因果关系。一部好的法律必须是经得起实践检验，能够拿起来用的法律。如果不玩真的就只能摘下口罩随便喷喷唾沫了。对那些助纣为虐的法援律师（没有助纣为虐的就不要对号入座了哈），我也亲切地谆谆教导几句：律师相对于其他司法公职人员而言，最珍贵的是其自身的职业独立性，这种独立性是律师安身立命之本，哪怕你是法援律师。在这个商业社会里我们能卖的东西很多，但千万不要卖从业的良心。当然，如果阁下身心都卖，那就没法谆谆了。

一个法律从业者的良心。

（2022 年 3 月 24 日）

想起了伍连德

今天就随意翻开一本书。

1910 年 12 月，中国东北鼠疫大流行，清政府任命伍连德为东三省防鼠疫全权总医官，到哈尔滨进行调查、防治。伍连德不负众望，成功扑灭了这场东北鼠疫。

谈起伍连德，就避不开一个人——袁世凯。

历史上的袁世凯行伍出身，敢作敢为，1884 年朝鲜甲申政变时袁世凯未得君令即先斩后奏率清军入宫击败日军，保证了清廷在朝鲜半岛上的利益，日人对袁世凯恨之入骨。

和其他旧朝臣相比，袁世凯视野开阔，见过世面，尊重科学，爱惜人才。袁世凯回国从政后，编练新军，创立近代警察制度，建立近代医学体系，设立新学替代私塾，鼓励民间兴办近代实业。1907 年，经人推荐，袁世凯下聘书给远在马来西亚的伍连德，邀请他出任北洋军医学堂的副校长。

伍连德，马来西亚华人，1879 年 3 月 10 日出生于马来西亚槟榔屿，1896—1899 年留学英国剑桥大学伊曼纽尔学院（Emmanuel College, Cambridge），1899—1902 年考入圣玛丽医院实习，1902—

1903年在英国利物浦热带病学院、德国哈勒大学卫生学院及法国巴斯德研究所实习、研究，24岁那年获得剑桥大学的医学博士学位，后返回马来西亚，在吉隆坡医学研究院从事热带病研究。

这是一个从小接受西方殖民主义教育的海外华人精英。在清末中医统治国内医学的背景下，袁世凯不走寻常路，敢从海外高薪聘请一个连中文都说不利索的西医华人，来担任国内新军最高医学院的副校长，可见袁世凯当时是何等气量和胸怀。

1910年，哈尔滨道外区突然爆发鼠疫。时任蒙务处协理的曹廷杰在其《防疫刍言及例言序》记载：6个月至少死了6万人。疫情很快蔓延至京师，外务部右丞施肇基主动请缨任"防疫大臣"，同时，他力荐伍连德为东北防疫总医官。接受新的任命后，31岁的伍连德没有怨天尤人，他带领唯一的助手林家瑞踏上了去哈尔滨的火车。

当时，疫情下的东北人心惶惶，除了日俄医院的医护人员外，整个东三省的西医加起来不超过10人。在哈尔滨、长春等地，中医自愿参加防鼠疫的很多，由于他们不具备现代医学知识，所以在防疫中殉职的比例非常高。而就是这些人，对到来的这场瘟疫也不了解，他们甚至不知道这场瘟疫是通过飞沫传播的，以为是寻常的腺鼠疫。对于伍连德的到来，他们对伍连德颠覆传统的做法不理解、不支持，甚至极力反对。

1910年12月27日，伍连德和他的助手完成了近代中国的第一例尸体解剖，找到鼠疫杆菌，确定了通过唾液传播的方式。经过缜密的调查和实验，伍连德提出了一系列的防疫措施，他提出的防护措施其实不复杂，在今天我们看来甚至说是常识，但在当年是不可思议的：封城，焚尸，戴口罩，医院隔离。

1911 年 1 月 30 日，在疫情暴发地哈尔滨傅家甸，为集中焚烧2 200 具鼠疫患者尸体，清政府特别下了道圣旨，这是中国历史上的第一次。几千年来，中国人的土葬习俗，第一次为科学防疫让路。

1911 年 3 月 1 日午夜，当鼠疫死亡人数为零的报告传来时，坐落在哈尔滨傅家甸的防疫总部内一片沸腾。几日后，鉴于鼠疫死亡连续多日为零，防疫委员会宣布解除对傅家甸的隔离。经过67 天的努力，伍连德成功了，他将曾吞噬整个欧洲的鼠疫，消灭于中国东北，守护和挽救了千万中国人！

对了，伍连德还发明了中国第一款口罩——"伍氏口罩"，并提出旋转餐盘倡导分餐制。

1935 年，伍连德因为从事肺鼠疫研究工作，特别是发现旱獭在其中的传播作用，被在广州工作的美国医生嘉惠霖（William Warder Cadbury）向诺奖委员会提名诺贝尔生理学或医学奖，这是第一个获得诺贝尔奖提名的中国人。

2019 年，《柳叶刀》发起"威克利·伍连德奖"，以致敬医界楷模。

梁启超对伍连德的评价是："科学输入垂五十年，国中能以学者资格与世界相见者，伍博士一人而已！"

今天回看伍连德在那时能主持实现举世瞩目的防疫奇迹，挽救民众于水火，不外乎以下几点。

第一，有尊重科学、爱惜人才的一批封疆大吏和官员。

从下聘书在海外挖人才的袁世凯，到保荐伍连德为东北防疫总医官的施肇基，都是见过世面、受过良好教育的明白人，官员精英的属性未改，不在乎人才的出身和流派，敢启用真才实学之人。作为一个仅仅 28 岁的接受西式教育的年轻人，伍连德即便在今天也很难被随意授予重托，更何况一百多年前的中国。1908 年伍连德刚回国时，陆军部尚书铁良召见他时，又要穿官服，又要戴假辫子，而且不利索的官话让他言不达意，繁文缛节令从小接受西式教育的他痛苦不堪。当摄政王要接见伍连德时，施肇基想出了一个办法，让陆军部宣布授予伍连德陆军蓝翎军衔，也就是相当于西方国家少校的职位。这样伍连德成了清军军官，免去了很多觐见前的官方手续，还可以穿着军装上殿，不用戴假辫子，对摄政王的问话也不必详细回答。

第二，清廷在防疫这件事情上给予了专家充分的自主权，放手让专家去做专业的事。

施肇基虽然揽下了防疫大臣的名头，但他把主要的工作全部放给了伍连德，积极为伍连德做好配合工作。为了成功执行分区防疫计划，清廷从长春专门调来了由 1 160 名士兵组成的步兵团，交由伍连德管理实施封控任务。

在疫情期间，为了听从伍连德指挥，严格执行封控，1911 年 1 月 13 日，清廷还在山海关设立检验所，凡是经此南下的旅客都要在此停留 5 天予以观察。这些措施是如此严厉、如此彻底，以至于太子太傅、钦差大臣郑孝胥从东北返回时，也毫无例外地在山海关停留 5 日后才得以返京。

为了防疫，清廷甚至不惜破祖先规矩，专门下旨焚烧鼠疫患者的尸体。这在中国历史上也是开天辟地头一回。

第三，清廷未拘泥于中西医之争，而是务实地让结果和数字说话。

伍连德在疫后总结参与防疫人员的死亡人数发现，哈尔滨防疫人员 2 943 人，死于鼠疫者 297 人，死亡率是 10%；其中死亡率最高的是救护车司机 150 人，死亡 69 人，死亡率 45%；其次就是当地中医，9 人中有 4 人死于鼠疫，达 44.4%；在长春有一个 10 万人的地区，西医很少，在鼠疫的大流行中，旧医的生意特别兴隆，其后果是登记在案的 31 位执业中医中，17 人死于鼠疫（约 54%）；死亡率最低的是医学堂的学生，29 人死亡 1 人，死亡率是 3.5%；很显然，受过近代训练的新医学医务人员在这场鼠疫大流行中取得了令人满意的成绩，经受住了考验，而后清廷对他们的关怀又大大促进了全中国科学化的医学实践。

　　疫情之后，伍连德还做了一件事，对后世影响深远，那就是他提出组建"东北三省防疫处"，而清政府最后也同意了。这个中国第一所防疫机构成立了，就设在清政府消亡半年前的哈尔滨。

　　伍连德在哈尔滨设立防疫总局，创办了《中华医学杂志》，创立中华医学会，主推创建了北京协和医院，并建成现代化的北京中央医院（北京大学人民医院的前身）、创办哈尔滨医学专门学校（哈尔滨医科大学前身）等 20 多所医学院校。他是中国现代医学奠基人。

　　从 28 岁来到中国，到 58 岁的 30 年间，伍连德把自己"the best life"奉献给了中国，造福于中国人民，而如今他几乎被遗忘了。1960 年 1 月 21 日，伍连德在马来西亚的槟榔屿去世，根据其遗愿，他在北京东堂子胡同的故居捐献给了中华医学会，至今，这栋楼房还原样保存着。

（2022 年 4 月 14 日）

万湖会议

　　《万湖会议》——这是一部由德国导演马蒂·吉斯切内克执导，2022 年 1 月 18 日在德国上映的电影。

　　这是一部从头到尾没有配乐的电影。

　　1942 年 1 月 20 日，纳粹德国秘密警察首领莱因哈德·海德里希召集了德国 14 个部门的高级官员，在柏林近郊万湖旁边的万湖路 58 号别墅开会，研究大规模系统地屠杀犹太人的计划，会议通过"最终解决犹太人问题"的决议，提出"最终解决"的办法是把犹太人运到东方劳动。这次会议成为把对犹太人的迫害升级到最终从肉体上消灭的标志。于是，在随后"最终解决"犹太人的行动中出现了像奥斯威辛集中营那样采用毒气室、焚尸炉成批屠杀犹太人的令人发指的罪行。至二战结束，约 600 万犹太人被纳粹有组织地屠杀。

　　这场 90 分钟的会议，至今仍是历史学家关心的话题。

　　《万湖会议》整个影片从头到尾只展现了这 90 分钟的会议，场景基本集中在会议室。与其说是故事片，倒不如说它更像是一部纪录片。

　　与我们想象的不一样，影片中这十多位纳粹德国的高官并非凶神恶煞，他们个个谈吐高雅，素质过人，信仰坚定，他们坚信自己正在做的事情是为了下一代德国人的和平与幸福。如果你不去在意会议主题是种族清洗的话，这部电影给你的感觉是某个跨国公司的高管们在对新业务进行跨部门讨论——会议的主题和程序、主持和协调、新业务的目的和对象（"消灭"欧洲的 1 100 万犹太人，包括德国现有的占领区和未来的占领区）、业务成本（铁路运输成本、集中营建设成本和杀人成本）、执行方式（枪决、绞杀或毒气）、效率（杀人速度），以及各个部门间的协调（党卫队、盖世太保、帝国总理府、内政部、外交部等）。

这些帝国的官僚精英甚至还讨论了士兵在执行"消灭"任务后的心理建设问题；讨论了具有成熟技术的犹太工人一旦被替换"消灭"后是否会对帝国的军工生产造成不利影响；讨论了具有德意志血统的"混血"犹太人是否也要被列入"消灭"的范畴。

但他们从没怀疑和讨论过"消灭犹太人"的正确性和反人类的罪恶。

当然，就像普通的公司年会一样，他们在 90 分钟的会议过程中也没有忘记茶歇时喝杯上等白兰地，聊聊天叙叙旧，问候一下彼此的家人孩子，相约未来的家庭聚会，彼此邀约晚上到柏林一个"很不错"的夜总会去逛逛。

如果说以《辛德勒名单》《朗读者》等为代表的一批二战反思电影，是站在人世间的角度来看纳粹德国的暴行，《万湖会议》则是站在了上帝那里，在更高的层次来俯视纳粹之恶。当你看到这些神志正常、衣冠楚楚的帝国精英，以平静认真而专业的口吻，讨论如何更加高效有力地屠杀犹太人时，那种发自人类本能的对于同类罪恶的恐惧、厌恶，才让你意识到这部影片的表现力是多么震撼。

是的，当初的暴行就是这样发生的，暴行不是希特勒一个人可以完成的，是希特勒、戈培尔、戈林；是莱因哈德·海德里希（党卫队上将，帝国保安总局局长、波希米亚-摩拉维亚保护国代理总督）、奥托·霍夫曼（党卫队中将，党卫队种族和安置主要办公室代表）、海因里希·缪勒（党卫队少将，帝国保安总局第四局长，即盖世太保总负责人）、弗里德里希·威廉·克里青格（帝国总理府国务秘书）、约瑟夫·布勒博士（波兰总督府国务秘书）、罗兰德·弗莱斯勒博士（司法部国务秘书）、威廉-施图克特博士（内政部国务秘书）、格奥尔·雷伯兰德博士（东方领土事务部代表）、阿尔弗雷罗·迈耶博士（东方领土事务部代表）、马丁·路德博士（外交部日耳曼事务司司长）、埃里希·诺伊曼（"四年计划"办公室代表）、卡尔埃·伯哈德博士、阿道夫·艾希曼（党卫队中校，犹太人事务办公室主任）、鲁道夫·兰格博士（党卫队少校，党卫队拉脱维亚负责人）等这些参会人员；是这部电影里没有出现的成千上万的军官、士兵、警察和武装刽子手；是几千万加入和支持纳粹的德国民众。

所有这些人，这些德国人民，共同完成了对犹太人的屠杀。

战后的德国，对当初的纳粹罪行进行了清算。这种清算，不仅仅是军事和经济上的，还有哲学和思想上的清算，对历史包袱的清算。所以战后的德国人才能在一片废墟上重新建设，步入世界强国之林。

任何未经过清算的罪恶，都留下了不死的种子，默默等待着生根发芽、苗壮成长的那一天。

在这部电影中，我一直试图寻找所谓的"好人"。的确有官员对纳粹的屠杀提出了异议，但他的出发点是保护执行任务的士兵不要在心理上受到伤害。当海德里希建议把犹太人与雅利安人所生的孩子也列入被驱逐的行列时，内政部国务秘书威廉-施图克特博士强烈反对这种做法，他的理由是帝国必须依法治国，法律是人民制定的，不能违背人民的意志，德国人民需要规定和标准，需要明确性和方向感。

听上去是不是很耳熟？

但施图克特博士提出了一个让海德里希也惊掉下巴的建议：对这类混血儿实行强制绝育，这样就可以在保持帝国法律稳定性的同时，不影响"消灭"犹太人的伟大工作。

在那个时代，德国人民的国民素质是相当高的。纳粹上台前的魏玛共和国，曾经创立了在当时而言最民主的 1919 年魏玛宪法，把来自美国、法国和拉美革命以来所有奉入建国宪法的政治权利都写入其中：言论、集会和出版自由；人身和财产安全；法律面前人人平等；普选权；承认工会组织；等等。宪法的意义不只是特定的措辞，它的民主精神还渗入了文化和社会，促成了生机勃勃的创造精神。布莱希特等人开拓的新戏剧形式；门德尔松、陶特等独具匠心的建筑设计；托马斯·曼的小说；珂勒惠支的雕塑；海德格尔的哲学；以及性开放的新观念，所有这些都远远走在世界的前列。

但是。

作为一战的战败国，德国始终被《凡尔赛合约》压得喘不过气来，1923 年的恶性通货膨胀，1929 年和 1930 年的大萧条，把这个年轻的共和国击垮了。在党派林立的共和国里，希特勒和纳粹党异军突起，将德国的失败和德国人生活的不如意归咎于犹太人，最终引领着德国人民走向了不归路。

在这个毁灭的过程中，德国的法律阶层起到了推波助澜的作用。本该保守的法律专业人员在纳粹党人上台的过程中，被民族主义冲昏了头脑，完全丧失了自己这个职业独立、公平、维护人权的基本立场，为右翼和纳粹党人保驾护航，在臭名昭著的啤酒馆案、国会纵火案等案件中，都显示出了德国法官的沉沦。法律一旦缺失了公平、公正、独立、人权这些因素，从业人员就会沦落为世俗政权的帮凶。

大凡迷乱的时代，都是真相被埋没、理智和知识无空间的时代。迷乱时代的一个典型特征，就是群体的无意识行为取代个体有意识的行为。居斯塔夫·勒庞在《乌合之众》一书中这样描述他眼中的"乌合之众"：他们"全盘接受或一概拒绝被暗示给他们的意见、主张和信仰，把它们当作是绝对正确或是完全错误的东西。""他们没有主见，缺乏头脑，常被人利用；同时他们又很暴力，极具破坏性，历史上的动荡和灾难很多都是在群体的配合和参与下完成的。"

此外，群体与民主没有必然的联系，恰恰相反。他们缺乏主见，所以需要领袖，需要被管理、被领导。勒庞认为："一定数量有生命的东西聚集在一起，不管是动物还是人，都会本能地处于一个首领的领导之下。"聚集成群后，个人便失去了自己的意志，盲从、轻信、易受别人的暗示和影响，本能地走向某个有主见的强权人物，这样就很容易导致集权制，造成领袖的独裁。

所以，这就能解释施图克特博士一方面强烈反对海德里希修改犹太人法案，另一方面又提出了对混血犹太人进行绝育的建议。

专业的人做专业的事。

电影里，当海德里希和施图克特对话时，海德里希谈到他的手下很多都是学法律出身，施图克特说他一辈子的最大成就就是制定犹太人法案。对于法律人而言，我想这才是本片的精华所在：一个没有独立精神、没有人权意识和人道主义宗旨的法律人，哪怕专业素养再高，一旦黑夜来临，未尝不是恶魔的帮凶。

先做人，再做法律人。

（2022 年 5 月 27 日）

关不关你谁说了算

诚如最高人民法院今天所言，取保候审是刑事诉讼中一项重要的非羁押性强制措施，依法规范适用取保候审，对于尊重和保障人权、节约司法资源、保障刑事诉讼顺利进行具有重要意义。故最高人民法院、最高人民检察院、公安部、国家安全部（简称两高两部）在今天发布了修订过的《关于取保候审若干问题的规定》。

刑事诉讼法规定的强制措施中，没有什么能像取保候审这样，如此吸引法律人的眼球。刑事诉讼法设立强制措施的目的是为了及时阻止犯罪，方便刑事侦查和诉讼，其中的取保候审对于犯罪嫌疑人和被告人的人身自由限制度最低，几乎和外面的正常人没有什么两样，在司法实践中成了轻罪轻罚和适用缓刑的试金石。嫌疑人和被告人在侦查和审查起诉阶段能被取保的，到了法院审判阶段大多数都可以被轻判或者适用缓刑，用行话来说就是给被告人戴个帽子，不再收监给你吃苦头了。

与取保候审相对应的，是逮捕收押这样一种严格限制人身自由的强制措施。中国人对于同类的轻视和虐待是有传统的，人一旦被关进看守所里，吃的比外面差就不说了，没有放风，没有阅读，没有通信和信息沟通，没有足够的活动空间，很多时候很多地方连联合国规定的囚犯生存条件的最低要求都达不到。一个最简单的逻辑就是，你不是坏人为什么会来这种地方呢？既然是坏人为啥还给你享福呢？至于法院宣判有罪才构成犯罪，未经法院判决前大家都是无辜公民这个说法，也就是大学老师讲来忽悠同学的屠龙术而已。看看最高法院每年的工作报告里收案数统计和无罪案数统计吧，相信你也会得出结论，人家关你是没错的。

既然被关起来很痛苦，那么嫌疑人和被告人在刑事诉讼中争取先不要失去自由就显得尤其重要。有句话讲得很对，自由不是无代价的。刑诉法第六十七条关于"取保候审的法定情形与执行"里讲得很清楚：有吧啦吧啦情形的犯罪嫌疑人和被告人，可以取保候审。请注意这里敲黑板划重点咯，"可以"一词，表明司法机关决定对你的取保是司法机关的自由裁量权。就算你具备六十七条的相应条件了，要不要关你还是要司法机关点头。

既然是司法机关的自由裁量权，那司法机关当然要用足用尽了，比如在司法实践中最常适用的认罪认罚程序。

认罪认罚案件里对嫌疑人和被告人而言最大的含金量是什么？不是罪，不是罚，是自由，是诉讼程序里的取保候审。

现在的一个刑事案件，走一趟程序从被采取强制措施到一审判决，一年算快的，如果遇到疫情反复，要再加多久就不好说了，那得新冠君说了算。你想想，你再有天大的冤屈，你愿意先进去蹲一年吗？面对强大的司法怪兽利维坦，认怂是最经济、最有效、成本最低的自保方式。

大多数现代西方国家奉行取保为主、羁押为辅的刑事强制措施制度，这样的制度对于在诉讼过程中保障嫌疑人和被告人的人权起到了积极的作用，可以让辩护人有效行使辩护权，嫌疑人和被告人不必因为担心诉讼阶段的人身自由而委屈认罪落下冤案。而在我们这里，制度恰恰反过来，这样的制度的确有利于司法机关的诉讼，而且树立了司法机关的权威——你的命根子在我手里，你说你在诉讼里想干嘛，能干嘛吧？

今天发布的《关于取保候审若干问题的规定》一共四十条，罗列了很多内容。其中最重要的是第三条："对于采取取保候审足以防止发生社会危险性的犯罪嫌疑人，应当依法适用取保候审。"注意"应当"这个词，这个"应当"和刑诉法第六十七条中用的"可以"一词，其含义和司法实践中的执行力是完全不一样的。在法律语境中，所有的用词都非常严格、严谨、严肃，一般都会避免产生理解上的歧义，以实现法治统一。换句话说，司法机关今后如果严格依法办案适用取保候审措施的话，就不该再把嫌疑人和被告人的认罪态度放在第一位考虑，而是将社会危险性的再度发生概率放在第一位。

当然了，这个规定如果严格执行的话，会在多大程度上对认罪认罚案件以及其他案件造成冲击，我们擦干净眼睛等着看。

这个新规定的用词，实际上已经僭越了刑诉法，从立法法上看是有争议的。不过，如果对嫌疑人和被告人的人权保障有用，僭越又如何呢？我们辩护人肯定是举四手赞成的。

高兴了半天，想起来另一件事。都是刑法刑诉法体系下的嫌疑人和被告人，另外那拨很惨的弟兄们咋办呢？就是那帮职务犯罪的。留置程序一不小心就用足半年，人在里面非服即跪，啥时候两高两部取保的阳光也可以照过去一点点呢？

（2022 年 9 月 21 日）

律师的口粮

朋友圈里好多法律人，平时要么发发法律法条司法解释表达自己的专业性，要么发发刚做的牛逼案子炫耀一下诉讼成果，要么写上两句开庭中会议中啥的以表达自己业务繁忙，或者发张火车飞机人在旅途的照片以表达时空二次元。但最近这几个月来，感觉法律人发的东西质量越来越低了。

大家开始闲一点了。

有时候也会看到同行发发某个同事英年早逝哀其不幸的信息，由此感叹律师行业的不易和竞争残酷。但是早逝或者猝死这些事，哪个行业里都有，现在全国几十万律师，有些偶发事件从概率上看也是正常，并不能代表这个行业就如何辛苦或者竞争激烈，除非有数据可以证实律师的猝死率明显高于全国平均水平，否则真没法得出这个行业就一定比其他行业辛苦的结论。

但是，前段时间有个律师去盗窃棋牌室香烟这件事的确惊到我了。

一般来说，盗窃无非基于几种动机，一是病理性或者习惯性的，二是以此为生的，三是生活所迫被逼的。这个律师属于哪一种呢？假设是第三种情形，那就很惨了。从起诉书透露的信息看，这位同行偷的香烟也就值千把块钱，任何一个律师，随便做个小咨询案子就能赚到，为了千把块钱的香烟去冒刑事犯罪的大风险，拿自己一辈子的饭碗开玩笑，这不是很惨，只有更惨。哪怕你去诈骗个百八十万呢，也不给我们这个行业的专业素养和智商丢脸。

虽然这只是个案，但按照冰山理论，很多更悲惨的事件应该没有浮出水面。这意味着律师行业已经真正进入了残酷的内卷时代。老话说大浪淘沙，不要以为你是浪人家是沙，其实大家都是沙，不要以为你今天赚的律师费多一点就可以不被拍死在沙滩上；不要以为今天你跟了个领导忙前忙后，以为伞盖下好乘凉，哪曾想领导也是朝不保夕。所以说人算不如天算，先学会做人，再学会一辈子都做人，这样至少老死或猝死前良心可以善终。

内卷的原因很多，比如，这几年法学院校大量新生的加入，司法改革外流出的大批具有丰富实践经验的法官、检察官、警官，疫情封控带来的严重影响，但这都不是最主要的原因，最主要的原因，还是客户缺钱了。

请注意划重点：客户缺钱了。

为啥客户缺钱了？这个我就不说了。在活下去和打官司面前，客户肯定选择先活下去。虽然个别部门少数律师的业务并未受影响，甚至有的还在增长，但这个行业从总体来看今年应该是走下行线的，很多律所今年都在调整去年底制定的年度创收指标和增长率，至于未来几年会如何，先不去说了。有的事情感觉就像我减肥的念头，总觉得自己可以回到三五年前的标准体重，完全不顾及自己正在变老、新陈代谢正在变慢、肌肉正在松弛、骨骼正在疏松、脂肪正在增加这个事实。

律师这个行业从行业整体角度看，没有足够的金钱支撑，是不可能孕育出优秀的律师的，就像上海如果缺了长三角也不会有今天的辉煌。国家不给律师发工资，律师的口粮全靠客户的恩典。客户有钱了，律师可以活得滋润点，从独立人的角度多研究点法律的漏洞，推动法律的进步，保障客户的权利；客户没钱了，律师哪里还顾得上钻研法律，去送个外卖、跑个滴滴、开个饭馆估计也抢不过人家。实在不行了去偷香烟？那也太有辱斯文了，最起码搞个二次元新宇宙犯罪嘛。

　　抱怨归抱怨，文章的中心思想还是正能量，希望我们的行业能够越来越好。也许我们以前过的日子本来就不太健康，新生活可以减少脂肪摄入量，让我们更健康、更清新地为人民大众提供他们真正需要的法律服务，在新服务中寻求新增长。数字不是重点，重点是我们要为人民服务。只要是人民需要的，就是我们要服务的；只要是人民反对的，我们就坚决不为其辩护。

（2022 年 10 月 19 日）

法治的内涵

前两天看了篇公号文，讲米兰达规则虽然保护了美国公民的宪法权利，但也导致美国警察破案率下降，很多真凶逍遥法外，极大浪费司法资源，据说破案率从原来的 60% 下降到 40%。这个数据准不准不好说，但下降是肯定的。想想也是，虽然我强烈反对刑讯逼供，但摸着脚后跟说句实在话，刑讯逼供是侦查罪犯最高效、最迅捷的手段，它能成为全世界警察、捕快、侦探都喜欢用的手段不是没原因的。明明罪犯就是你，我掌嘴几下你就可以承认事实带我去找尸体、翻出凶器，现在有了米兰达规则，我连你小手指都不能碰，要我满世界去找尸体，还要小心翼翼，不能污染证据、不能有种族歧视、不能骂脏话，你说气人不气人。当然是药三分毒，它药效高，副作用也大，很容易搞出冤案，抓错人、杀错人。

那可不可以既能完美保护公民的宪法权利，又能高效破案惩罚犯罪分子？

既啥又啥还啥的想法，我们不去评价对错，只想引用当年那位年轻达赖的诗句来表达一下观点：世间安得两全法，不负如来不负卿。

米兰达规则是美国最高法院法官激烈争论后制定的规则，尽管有撕裂，但法官们最终还是赋予了美国公民这个可以在法治史上牛逼几百年的权利。作为经验最丰富的联邦大法官，他们当然知道米兰达规则一旦铺开来会给惩罚犯罪分子带来多大的不便，不过在保护公民和惩罚犯罪这两种价值观前，他们优先选择了保护公民，就像多年前美国公民在建国时选择了无条件持枪权一样。Freedom is not free，为了自由美国人愿意买单。美国最高法院大法官霍姆斯认为："罪犯逃脱法网与政府的卑鄙非法行为相比，罪孽要小得多。"在霍姆斯看来，政府滥用权力和司法腐败对国家和社会造成的整体危害，远远超过了普通犯罪分子，因此，法治的核心和重点绝非一味不择手段、从重从快打击犯罪分子，而是应当正本清源，注重对政府权力予以程序性约束和制衡，防止执法者和当权者凌驾于法律之上，利用手中特权和国家专政机器胡作非为、巧取豪夺、为害一方。美国司法制度对程序公正和确凿证据的重视程度，超过了寻求案情真相和让罪犯受审判。假如美国司法制度的目的是寻求案情真相，那么犯罪嫌犯根本就不应该拥有沉默权。实际上，整个美国宪法和司法制度的核心是防止"苛政猛于虎"，是注重保障公民权利和遵循正当程序。

我国是成文法国家，我国刑法第一条开宗明义阐述了刑法的目的："为了惩罚犯罪，保护人民……"请注意第一条的行文顺序，惩罚犯罪是优先于保护人民的。惩罚犯罪和保护人民本来是一个事情的两面，但在司法实践中，这个事情的确有谁先谁后的顺序问题。美国人用米兰达规则解决了顺序问题，而我们用刑法第一条也解决了这个问题。再看第二条刑法的任务："……是用刑罚同一切犯罪行为作斗争，以保卫国家安全，保卫人民民主专政的政权和社会主义制度，保护国有财产和劳动群众集体所有财产，保护公民私人所有的财产，保护公民的人身权利、民主权利和其他权利……"注意第一顺位是同犯罪作斗争，然后再保卫啥保卫啥保卫啥，公民的人身权利和民主权利放在了国体、政体、国家财产之后。在惩罚犯罪和保护人民这两个选择间，还是首先选择了惩罚犯罪，然后在人民之前还有一大串 VIP 需要优先保护。

　　大家都说自己是法治国家，但法治的含义还是有点不一样的。没有了米兰达规则，我们的警察办案肯定比美国同行神勇，你不看我们每年最高法院的报告里无罪判决有几个？没有什么是报告解决不了的问题。眼看着有些死磕律师天天跟警察要审讯视频，要证据排非，要这要那，说明这些律师完全没有真正融会贯通我国刑法的精神，当初法学院里上课时肯定是在谈恋爱。要先惩罚了犯罪，才能保护好人民嘛。打两巴掌算什么，就算是冤枉了一两个又算什么，Freedom is not free，保护人民也是需要人民买单的。冤案哪里都有，美国有了米兰达规则就没冤案了？也有。赵云在长坂坡把阿斗救出来了不假，但糜夫人不先跳井，他跑得出来吗？总要有人牺牲才能成就大事。我们不能说美国的法治就一定比我们的好，关键还是什么样的土壤种出什么样的柑橘，我们要相信我们的橘子更甜。美国人天天开枪杀人、抢劫、袭警听起来挺吓人的，但我们这里的精神病拿把菜刀也可以砍死十几个人，一点不亚于美利坚枪手。美国人敢骂自己的总统、敢拿鞋扔川普，我们也敢骂美国总统、敢扔鞋，不信让川普来试试。

仓央大师还说过：那一刻，我升起风马，不为乞福，只为守候你的到来。对于法律人来说，你懂，还是不懂，法律就在那里。倘要夜奔，一定要脱下法袍。

（2022 年 12 月 8 日）

第六篇　高铁日记

高铁日记2

　　年轻时坐绿皮车，总是对旅途充满了期望，期望着有趣的同伴，期望着有趣的故事。那时大家的生活慢，火车慢，旅途慢，缓慢的车轮摇晃着，像蚂蚁爬过大地，像鱼儿横穿大洋，不论白天黑夜都在倔强向前。那时没有手机，没有微信，同车的人见过了就见过了，听过就听过了，没有刻意想着要不要再次联系。而现在的高铁，可以让我一日千里，往返于大城与小城间，参与一个涉黑案的庭审。由于涉嫌罪名复杂，被告人众多，整个庭审进度冗长。除了为首的几个被告人及其辩护人之外，大多数的辩护人在法庭上能轮到开口发言的机会很少，有时在庭上坐了三天都捞不到一句话讲，这对于靠嘴吃饭的律师来说，不是酷刑，胜似酷刑。

　　在没有话讲的时间里，就可以想一些形而上的问题，比如刑事案件的无罪率那么低，我为什么还要大老远地跑来坐在这个以前只是晚上吃烧烤才会坐的塑料小板凳上一坐就是几十天还依然是做一个注定艰难的无罪辩护？为什么有的问题明明一目了然大家还要争来辩去？都是学法律的出身为啥有时候大家还要为了一个概念或者原则的内涵想去说服对方？为什么辩到最后大家都是为辩而辩而忘了诉讼的起始目的？为什么从法院到酒店的路边的苍蝇馆子吃到最后就没有一家好吃的了？为什么每次酒店的前台都会给我端头房？为什么早上遇到酒店清洁阿姨都要问我一句要不要退房……

辩护人团队太强大了，人数多到了约一个加强排，我可以充当滥竽乐队的影子选手，在冗长的时间里悄悄地干点其他事情，包括翻翻法规，抽空看点闲书。最近看的一本讲三国争斗的书还真给了我不少启发。三国史就像是一个需要用证据去回溯的待证事实，不同的作家史学家往往从支撑自己观点的角度出发去组织材料，最后拼凑出自己的三国史或者各种演义。于是我们看到了曹操一会儿是奸雄，一会儿又是政治家军事家诗人；看到了关羽既是武圣，而他在败走麦城时最后跟随在身边的只有十余骑；看到了刘备在蜀称帝在政治名分上的羸弱以及与当初匡扶汉室初衷的背反。在一个具体的历史过程里，道义之争——善恶与顺逆的判明——对于政治和军事斗争的意义是何其重大。在具体的历史环境里，纷乱世局中的人们都渴望看到安身立命的希望，唯有从错综复杂的形势中提炼出简明的主线，历史才会形成起伏浮沉的汹涌力量。将天下分判为简明的善恶阵营，肯定有一个简化的过程。连子贡都说商纣王可能并不如传说中的那么恶，只是居天下之下流，所以众恶归之。

法治又何尝不是如此？法庭用如此漫长的庭审，如此高昂的代价最后要得到什么？是得到一个皆大欢喜的结果吗？当然不是。法庭用各种证据得出求证的事实，用司法程序证明的事实还原出一个客观事实，但请注意一点，所有的司法事实都不可能百分百地还原出一个客观事实，除非借助三维四维空间。就像是豪华橱窗里展示的高级美食，所有人都可以看到，但是并不是每个人都可以花钱吃到它。有时候你想买一个巧克力面包，但最后店家给了你一个陕西馍馍，有时候，还可能给你一块发霉的夹心饼干。

说到底，法庭给各种人贴上标签的本原任务远远高于法律课本教授给学生们的所谓各种正义公平平等的理论任务。法治不是请客吃饭，法治的终极目的也不是还原真实，而是在所谓还原真实的过程中贴标签。法治如果没有了善恶与顺逆的判明，没有了道义的光环，没有了好与坏的简化，法治的神圣与权威就好景不再。

想通了这个逻辑，辩护人就该明白为啥无罪率那么低了辩护人还要去进行无罪辩护—因为不能让这个概率更低了啊。再低了辩护人就真的没饭吃了。古人云，不积跬步无以至千里，今人曰，不辩一百个无罪是得不到一个真正的无罪判决的。有不少律师总喜欢用大道理去为自己塑金身，我觉得其实很简单，连无罪判决都没了，我们还有混饭吃的资本吗？

案子坐的很累，再坐下去我觉得我需要心理治疗了，但想想以后可以在娃面前有吹嘘的资本，就还是把酸胀的屁股再挪一挪。无论如何，希望还是一定要有的，就像每次坐高铁，心里总期盼着自己旁边是一个楚楚动人的美少女，或者是大嫂那样的美妇人，可千万千万别坐着一个 200 斤的死肥男。

（2023 年 3 月 13 日）

紧一点还是松一点

　　谈到抓捕的事情，就必须谈到刑事诉讼里一个重要的术语，即"刑事政策"。最早让人感受到刑事政策之严厉的，是20世纪80年代的严打。彼时刚出台的刑事诉讼法和刑法，让位于刑事政策的需要，要不要抓、要不要杀，抓多少、杀多少，政策说了算。要说严打对于社会治安的正面作用，当然有，然其对于一个社会法治正常发展是否有滞后或倒退作用？很多人不去谈，但不谈不等于这问题不存在。最让人忌口的，是它开了调整法治的先河，紧一点还是松一点，不是法律说了算，很多场景下法律只是一个参照系，它在政策的指导下被迫能动。虽有时也会有临时性的立法形式，但立法的正当性和可适性，以及负面作用，没人多说，反正先拿出来用了再说，轰轰烈烈搞一阵子，看看差不多了再刹车。

　　刑事政策的松紧，在特别的时期的确有其客观需要，然而它如何来影响立法、司法、执法，其实是个大问题，是个严肃的法律问题。立法、司法、执法三个领域本来环环相扣又各司其职，实践中三者的界限又经常模糊或重叠，立法的权利被司法蚕食，比如两高三部等部门对于一些法律的解释完全越界；司法的指令在执法中无法落实，比如两高三部等部门发布的指导性意见和相关解释往下级或基层法院贯彻时又往往被打折扣；执法中的问题在立法层面根本无法解决，比如基层法院向上反馈的问题不能及时解决。你要说这是一个法治的生态圈也未尝不可，各个部门按照自己的利益和生存规则彼此依存、彼此照应、彼此牵制。刑事政策的介入，如果没有遵循法治的程序和步骤，就可能把原来的生态圈大搅一通。

比如，我们的刑事政策经常讲要对某种犯罪从严，刑法中"从严"这个概念往往包含多方面的含义，一是定罪的从严，可以考虑扩大罪名的内涵，或者降低定罪标准，从而扩大打击范围；二是适用程序的从严，以前行政处罚的现在采取刑事程序；三是量刑的从严，可以把原来判三年的现在按照五年判，等等。刑事政策的变化必然对于原来的生态节奏造成影响，如果仅仅是严格依据定义原则和法条来变化这还不是最可怕的，怕的是司法人员紧跟形势在实务操作中介入个人因素或其他主观因素，比如为了完成指标故意制造冤假错案，比如利用司法工具实现个人或地方或部门利益，到最后形势失控，连当初的刑事政策制定部门也无法预料。

形势政策的随意改变对于司法的稳定性和权威性明显是有破坏作用的，它会让不同时期犯罪人员及其家庭乃至由此辐射出来的其他社会成员感受到法治的不公平，不利于犯罪人员的认罪伏法和改造自新，甚至形成新的不稳定因素。刑罚的防止重新犯罪功能表面上看起来可能因为严打而强化了，但实际上除非你从肉体上消灭他，否则怨念一直都会有，司法的敌人越来越多。此外，如果客观和公平无法被感受到，那么司法的权威也随之被破坏，司法的工具作用表象化，哪怕说得再多再好听，也不会再有人信。

如果形势政策回头转向呢？这不仅不会让人感受到公平，反而会引发新的不公平感——既然现在可以这样了，那当初为啥那样呢？

窃一直认为，法治的建设不是靠几千个法律法规堆砌出来的，言而有信谓之法，言之凿凿称为律。刑事政策当然可以有，但它必须以法律根本和原则为前提，而不是反过来去侵蚀和破坏之。法治不是靠喊口号实现的，而是靠一个个客观公平的判决、保障人权的程序、稳定中立的刑事政策辅佐助力的。

（2023 年 3 月 29 日）

老洪家

　　父母上一辈的老人，我只见过外婆。自己慢慢长大了，想寻自己的根，幻想自己原来会不会有一个显赫的家族，但翻来翻去，老洪家在历史上好像没什么名人。看父母的名字都是"有"字辈的，就问父母，家里有没有家谱。父母都摇头，说以前有，60年代都烧了。我问父亲，爷爷是什么样子的？爷爷是干什么的？父亲说爷爷是做小生意的，很会赌博，平时穿绸缎的衣服。爷爷奶奶死得早，他自己也不太记得他们长什么样子了。我问有没有爷爷奶奶的照片，父亲就摇头。父亲这两年得了阿尔茨海默病，基本上一问三不知，只是不停地对我们说他想回家。问他要回哪里，他就把头抬起来看着北方，说喏，就是原来山上的老家啊。

　　听母亲说，我们老洪家这一支是民国时从云南石屏县到云南墨江县的，祖籍可能和母亲这支一样，都是江西的汉人，明朝时随着大军来云南扎根。石屏县在云南是开发得比较早的地方。民国时爷爷带着原配洪张氏从石屏县过来，在开发稍晚的墨江县城开了个店铺，做小生意和赌博放贷赚了钱，到邻近的元江县半坡乡咪哩村买了田地、盖了房子，把原配洪张氏放在那里。洪张氏前后生了四个女儿，因都不是壮劳力，只能将田地出租给村里其他农户，靠收租过活。还好田地不多，解放时划成分被定了个"小土地出租"。

洪张氏一直没生儿子，这在以前是不被家族容忍的，爷爷和洪张氏商量好，就回石屏县讨了二房，是为洪孙氏，带回墨江县城。洪孙氏不负洪家重托，一口气生了四个儿子，父亲排行老三，洪孙氏即我的奶奶。

爷爷做小生意，亦喜赌善赌，赌得好时置地放贷，赌得差了就家运败落，把店铺都当掉了去外面租房子住。父亲从小看过爷爷赌博，记得爷爷善赌亦因赌败落，自小和赌博结仇，此后从未沾过棋牌。平时如果我们不问，父亲从不提爷爷和爷爷的事情，仿佛这个男人没有存在过，倒是经常提起奶奶的辛苦和疾病。

爷爷在墨江县城解放一年后某天暴卒，死前大口吐血，不知是被下毒还是染上什么疾病，甚至没有来得及跟奶奶交代债权债务。爷爷死后，他曾放贷的债务人都不知所踪，债权人和骗子纷纷找上门来跟奶奶讨债或行骗。奶奶洪孙氏正在死人的悲痛中，根本无暇查看明细，家里的钱被骗走大半。奶奶的四个儿子，老大被原配洪张氏接回乡下咪哩村抚养，从此一生做了农民，老四则在墨江县城和咪哩村之间奔走，哪边有饭吃就在哪边多住一段时间。那时云南到处是原始森林，墨江县城外到了夜晚都听得到狼嚎，更不要说野熊和老虎了。老四奔走在路上，常常遇到野兽，有一次还遇到了蛊贼（土匪）。蛊贼把大人的钱和衣服抢了，过来摸摸老四的头，说小娃娃不要怕，我们不抢小娃娃，说完还给了老四两个烧土豆。

洪孙氏的老二和老三（即我父亲）留在墨江县城陪着母亲

艰难度日，有时也回半坡乡咪哩村待几天。老二读完小学，没有继续上初中，就到砖瓦厂打工帮家庭分担重任，资助弟弟老三上初中。老三不负重托，在墨江一中上学，成绩总是名列前茅。到了1958年，奶奶洪孙氏得病身亡，死时才48岁。现在回想过去，应该是得了胃癌，死前整夜无法入睡，常常拿菜刀背抵住胸腹以此止痛。奶奶死前眼看着老二，老二说阿妈放心，我会让阿坤（父亲小名）继续读书的，奶奶方才瞑目。奶奶死后过了一年，十三军来墨江县城招兵，父亲已读到初三，不忍二哥辛苦供养，就放弃了学业参军去了，从此踏上了二十五年的军旅生涯，1979年去了越南，裤腿还被迫击炮弹片穿了个窟窿。老二和老四后来也去参军，参军后转业到地方，和在乡下务农的大哥走上了完全不一样的人生道路。

父亲当兵的大部分时间都在师属通讯营，也算是技术兵种。转业后他从此再不碰电话和手机，单位给他发的手机他也总是扔在一边。

善良的原配洪张氏一直活到了2010年代，死时92岁。

再说说我母亲这一支。

外婆这一辈子都是苦命人。曾外祖父和曾外祖母都是穷人，曾外祖母生外婆时并不是在床上生的，而是生在菜园子里，周围的邻居从小就叫外婆"园囡"。"囡"这个字在墨江方言里发"nuo"音，但这个字应该是从江浙流传过来的，所以我猜测墨江的汉人也许和江浙一带有着牵连。云南的很多汉人讲起老家总讲到柳树湾，而这个柳树湾，其实是明军当年在南京附近的军营驻地。当初远征云南，几十万人从江浙过来，岁月模糊了之后，后人就只记得了一个柳树湾。还有一些不经意读出来的字词，虽然有变音或异化，却大概能梳理出脉络。

回到外婆，还有她的弟弟，在很小时曾外祖父和曾外祖母就过世了，他们被一个有钱的远房亲戚收养，外婆弟弟在外放牛，外婆洗衣服、打杂、纺纱织布，平时吃饭他们不能和那家人在一桌上吃，只能等人家先吃或者在桌下吃。外婆经常挨打，还跑了几次，被打得更惨，后来就不敢跑了。

外婆后来遇到了外公。外公是一个店铺的小伙计，字写得好，有文化，对外婆很好，新中国成立后在街道做文书工作，还时不时教外婆认两个字。两个人一共生了五个孩子，三个女儿、两个儿子，女儿中的老二就是我母亲。两个人的幸福生活并没有持续很久，1952年外公生病，在一家私人诊所打了针青霉素因为过敏死亡，死时才36岁。外公死前看着外婆流泪，说我对不起你了良芳（外婆的名字），给你留下这么多孩子你咋带啊。我的意思，大的两个就不要读书了，早点去工作；阿云（我母亲的小名）可以考虑送给老马家，他家没有姑娘，一直想要一个；小的两个你好好领大。

外公走那年外婆才32岁。为了生存，外婆把原来外公和她一起住的房子当出去，自己带了五个孩子到外面租房子住。外公原来工作的街道看外婆可怜，给她找了个政府招待所食堂的工作，外婆有时也可以带点多余的饭菜回来。外婆年轻时很漂亮，外公走后，也有人来给外婆讲再婚的事情，外婆担心新人对孩子不好，一一谢绝。外婆从小到大，做事情很能干，平时除了正常上班，下班了还干别的事情，拼命挣钱养家。过了几年，外婆带着五个孩子回到了典当出去的老房子里，她也没有把阿云过继给老马家，我的母亲阿云从小就和四个兄弟姐妹一起长大，没有遭受骨肉分离的痛苦。这五个孩子后来都上了学，出了一个大学生、两个中专生、两个小学生。

平时跟阿婆在一起的，还有一个政府招待所的好朋友。我们叫她玉珍婆，玉珍婆一辈子没有结婚，平时常来帮阿婆照顾这五个苦命的孩子，到了后来，父亲母亲也把她当作了自家的亲人，随进随出。玉珍婆就这么默默地帮着外婆承担人生的苦难，一辈子。

外婆活到了七十多岁，突发脑溢血走了。外婆走后，葬在了外公身边。过了两年，玉珍婆也走了，临走前她要求可不可以葬在外婆旁边。

每年清明，三座坟茔都并排接受后辈的香火和纸钱。

爷爷的坟原来埋在墨江酒厂方向山头，后来因为修路盖房完全找不到了。奶奶的坟原来是埋在墨江医院后山上的，父亲和两个兄弟出去当了几年兵，回到老家发现也找不到了。当年的森林被砍了，灌木被除掉，地被烧出来种上了玉米。兄弟几个合计了一下，决定重新给奶奶立个坟。但是奶奶的坟到底在哪个位置，兄弟们发生了争执。后来，二哥提出来用最原始的方式来决定，即扔鸡蛋。鸡蛋扔到哪里碎掉，哪里就是奶奶原来安息的地方，于是兄弟们一路扔着鸡蛋。也是怪事，鸡蛋碰到有石头的地方都不碎，到了一个湿土地方，鸡蛋扔下去就碎开了。兄弟几个流泪跪了下来，把奶奶以前用过的空箱子还有几个物什，立了个衣冠冢。

在那段艰苦的岁月里，当外婆带着五个孩子在外面租房子住时，碰巧和带着两个孩子也在外面租房子住的奶奶住在了一个院子里，两个悲苦而伟大的女人的命运交汇到了一起。父亲在这里认识了母亲，之后父亲参军，部队调防到四川，母亲在读了中专到学校工作后不久也随军到了四川，到了一个新世界。父亲和母亲生了两个孩子，两个孩子之后也走出了老家，一个去了昆明，一个去了上海。

　　所谓故乡，只不过是祖先流浪的最后一站罢了。

　　我一直在想，是什么驱使着我去了解我这些平凡祖先的故事，是什么驱使着我去想象我那些素未谋面的祖先的容颜？是血统？是亲情？是爱？还是别的什么。问题是，那些素未谋面的祖先他们根本不认识我，他们的一生中完全没有我的存在。这种单向的感情也许就是种族繁衍的密码所在吧，因为这些密码，我们的祖先就一直都没有死去，他们已经把繁衍的密码植入了我们后代的血脉里，他们不需要知道我们是谁，我们在哪里。

　　他们在故乡的土地上，始终深情地凝望着我们。

　　是为祭。

（2023 年 4 月 5 日）

高铁日记3

壹　消防员

有数十个被告人的涉黑案前后开了46天，如果刨除掉中间的休息日，实际开庭日是36.5天。在夜市烧烤摊常备的没有靠背的塑料小板凳上坐这么长时间，我原以为我的腰椎间盘突出症要加重不少，但实际坐下来，却感觉减轻了好多。因为没有靠背，在这个小板凳上只有挺直了腰杆人才能感觉舒服一点，时间长了，挺直的姿势自然对腰椎间盘有好处，所以有椎间盘突出的朋友可以试试长坐烧烤小板凳，如果要增加疗效，可以试试在法庭里治疗，法庭里庄严的气氛有助于打通更多的经脉。对于法官人民陪审员和检察官坐的带靠背的高脚椅我一点都不羡慕，根据我以前在法院的经验，这些高脚椅看上去很华丽庄严，但包裹的皮革都是人造革或者劣质的皮草，透气性极差，而且椅子的设计非常不具人性，几个九十度的直角经过长时间的坐靠，椅子面会变形到向前倾斜，人在上面坐久了屁股汗淋淋，身体一直处于前倾的状态而必须经常调整。

涉黑案的旁听席是被严格控制的，法院的理由是防疫。在开庭的头两天，除了满脸苦大仇深看上去就是被告人家属的被告人家属，还有一些其他的旁听人员，这些人员的身份也都是写在脸上的，有的一看就是法院的，有的一看就是政府部门的，还有几个人，穿着蓝色的漂亮制服，从开庭的头一天就在认真地听，坐在舒适的沙发式的旁听席上腰杆笔直。我注意了他们一段时间，一直在猜他们的身份，一开始我以为是工商行政管理的，后来在休庭间歇就近看了他们的胸牌臂章，才发现他们是消防员。这样一个涉黑案为啥有消防员旁听让我有点疑惑。后来在法院院子里闲逛时看到他们上了一辆停在院子里的消防车我总算明白了，这次的涉黑案庭审，当地消防队支援了法院一辆消防车以防不测。这辆车上的消防员百无聊赖就天天跑进法庭听庭审。有一天我问一个消防员，我说你们都跑来这里万一其他地方发生火灾会不会被影响，毕竟一个城市的消防车数量是有限的。年轻的消防员有点意外地看着我，说我没想过这个问题啊，这是领导决定的。

想想原来我在法院时，哪怕是开宣判会这样的大事，人员聚集数千上万，好像也没见过消防车，现在的领导的确更加心细周到了。不是一般的周到，除了消防车，我还看到了一辆常驻法院的120。

冗长的庭审拼的不仅仅是智力，还有体力和毅力。这46天里，因为参与庭审人员身体的不适，中间还被迫修整了三天。

年轻的消防员一开始还能坚挺着听庭审，开到后面，不单单是辩护人席里不少人昏昏欲睡，连这些年轻的消防员也开始有规律地打瞌睡了。基本是进法庭听一阵子就把头垂下去。再伤感的情怀也有眼泪流尽的时候，再伟大的叙事也不能喋喋不休。

贰　夜班医生

　　这一个多月时间里往返于上海和这座城市，早出晚归或者晚出晚归。有一天从上海出发时感觉身体不对劲，下高铁一遇风浑身发抖，挣扎着到了酒店住下用在饿了么上买的体温计测了下，摄氏 38.4 度，吃了随身带的药盖上被子昏头昏脑睡过去。

　　第二天早上起来感觉还行，就坚持去开了庭。开庭结束了想去走走活动活动静脉被曲张的大腿，觉得精力明显不济。路过一家医院门口，看到这里鞍马稀疏，忽然想自己是不是甲流了，就跳出看医生的念头，走进去问门口保安急诊咋走，保安给指了方向。走过去看见一个穿白大褂的男人斜倚在诊室门口，手里握着一把西瓜子在嗑，左手是瓜子右手是瓜子壳，每嗑一枚都精准地把壳换到另一只手上，地上干干净净。男人看到我问我啥事？我说我可能甲流了（后来想这种设定答案式的回答不太合适，从法律上来说是一种诱导式的回答。）他说你要来开那啥药我这里没有。我说我不开那啥药，可以验血吗？他说不可以，化验室都下班了。你有两个选择，一是我简单的给你开点感冒药，二是你换家医院去验血。我说换家医院今天可以出结果吗？他说应该也不可以，要等明天早上了。我暗想明早还要开庭，不管结果是啥也得去法院，那还不如不知道结果的好，如果知道了坏的结果我还必须做一个艰难的抉择。转念又想既然来都来了，不做点什么也说不过去，就像村上春树在《挪威的森林》里写渡边去酒吧约炮，约的妹子不是很理想但也不好意思拒绝，这事情开了头就得让它继续下去。就说那你给我看看吧。他看看我，感觉他的回答没有让我转身离开似乎有点失望，于是转身进了诊室，把没有吃完的瓜子放在办公桌台面上，从抽屉里找出一只口罩戴上然后边翻东西边说先量体温。我想他居然不洗手也不拿酒精擦就要给我看诊吗？然鹅他果然没洗手也没拿酒精擦就把翻出的体温计递给我。我把水银温度计放进腋下，玩手机，他也玩手机，一边玩手机一边嗑瓜子。过了几分钟他说行了。我把温度计抽出来递给他，他用左手把眼镜摘下来，用右手拿起温度计靠近自己左手臂的白大褂作为背景眯着看了几秒，说39.4。我吓了一跳说啊有这么高？他又看了一下，说看错了。38.4。然后他坐下来写病历，问我是否咳嗽烧的是否厉害有没有痰，我说不太咳不太烧不太有痰。他问我现在自己有没有吃药，我说吃着芬必得白加黑板蓝根。他有点不高兴，说那我该给你开啥药？我想想，说随便，好歹开一点，不然这病白看了。他说我给你开感冒清颗粒吧。我说好，付钱拿药，出了医院，带走了一袋十几块钱的感冒清。

走了一段，才想起自己本来是想确认一下是不是甲流来着，到最后也没搞清楚。

叁　滴滴司机

由于高铁时刻表的关系，每次到这座小城都是晚上七点左右，天全黑了，每次开庭结束也是大约下午六七点钟，天也几乎黑了。

有一天开完庭时间有点晚，本地高铁已经没有回上海的车了，家属给我叫了一个车开一个小时到更远的车站坐其他的班次。司机是一个戴着一个大宽边眼镜身材瘦削约莫五十多岁的男人，看到我了就很殷勤地帮我拎行李。

我是一个不太爱和陌生人说话的人，但这个司机非常爱说话，一上车就开始唠叨，讲这个社会的不公平，讲政府如何和开发商联手骗老百姓的钱，讲他如何看透人生，以及平时如何保健养生等等。开了一天的庭，我一句话都不想多说，也就跟着唯唯诺诺几声。但很显然他是一个不在乎别人是否对他话题感兴趣的人，讲完了对这个世界的愤懑，又开始讲他的儿子，说他的儿子如何优秀，到一个二线城市做房产销售打拼了几年就自己挣了套大别墅，老婆孩子都有了。我说你为啥不去和孩子同住享受享受，他说他不喜欢大城市，更喜欢小地方清闲自由的日子。

为了坐车方便，我加了他的联系方式，后来需要用车时都直接电话他。每次上车我闭上眼听他讲社会，讲他的儿子。说实话他虽然话多，但的确比较敬业，经常提前半小时来法院门口等我结束然后飞叉叉奔去高铁站。讲到驾驶技术，按照我的标准看这位司机其实不是很令人满意的，车速虽快，从不误点，但刹车踩的急，有时并线超车的反应也会慢半拍，甚至于有一次有辆车从他左边超车时他居然做了个大动作往右甩方向，把我吓了一跳。

开庭期间倒数第二次送我到高铁站时，他下车帮我开后备厢，借着路灯光，我忽然看到了他的左眼有问题……

他的左眼是瞎的。

那一瞬间，关于车技的所有表现都有了答案。

最后一天开庭，在庭审休息快结束的时候，我在手机上犹豫了三十秒，然后拨通了他的电话，我说你今晚七点有空送我去高铁站吗？

他说当然有空洪律师。

司机姓张。

当然这只是个化名。

（2023 年 5 月 6 日）

马铁奥·法尔哥尼

　　梅里美有篇小说《马铁奥·法尔哥尼》，讲科西嘉岛上有个叫马铁奥·法尔哥尼的农民，为人豪爽重侠义。同岛上其他居民一样，他认为法律和官府不讲公平与正义。有一天，他有事外出，只留下他的十岁的儿子在家。一个被官兵追捕受了伤的"强盗"到他家要求避难，儿子得了"强盗"的钱就将他藏了起来。官兵赶到，用一只金表引诱儿子说出"强盗"的躲藏处。"强盗"被捕了。法尔哥尼回家后得知这事，为了伸张正义，亲手处死了自己唯一的儿子。

　　冯梦龙所著《笑林》有一个"露水桌子"的笑话："一人偶于露水桌子上以指戏画'我要做皇帝'五字。仇家见之，即捎桌赴府，首彼'谋反'。值官府未出，日光中，露水以灭迹矣。众问：'汝捎桌至此何为？'答曰：'我有桌子一堂，特把这张来看样，不知老爷要买否'？"告密这事情古今有之，历来被正常人类所不齿，因为它破坏了人类彼此相处的亲情友谊道德基础和站队的底线。犹大告密把耶稣送上了十字架，苏格拉底被告密者检举；崇侯虎举报周伯昌，沈括检举苏东坡；顾顺章告密破坏了上海的地下党；到了20世纪六七十年代，告密达到登峰造极的地步，国不像国家不类家。儿子举报父亲，丈夫揭发妻子，母亲被枪毙了孩子不敢让自己的哭声被邻居听见，还需要上缴五分钱作为枪毙母亲的子弹费。

举报告密是统治者常用的驭民术，史书记载最早的由统治者搞的系统性举报告密见于《国语·周语》，周厉王为了控制百姓言论，找了卫巫秘密监视城内百姓。巫者一来，人人恐惧，"国人莫敢言，道路以目"。三年后，愤怒的国人把周厉王赶出国都，流放到彘，周厉王死在了那里。

商鞅在秦国执政时，"令民为什伍，而相收司连坐。不告奸者腰斩，告奸者与斩敌首同赏，匿奸者与降敌同罚。"（《史记·商君列传》）把老百姓按五家、十家编在一起，让他们相互监督，谁有犯罪倾向或作奸犯科的可能而不立刻向上告密则通同犯罪，一起处置。这叫"连坐"。商鞅在秦孝公去世之后失势被车裂，但秦并没有废除商鞅之法，告奸连坐这一套治民方式还在实行。商鞅之法奠定了秦国强大和消灭东方六国的基础，但同时也奠定了秦夭亡的先机，酷秦经历不到二十年即被愤怒的民众彻底推翻。

唐武则天时代，酷吏来俊臣与万国俊撰写了《告密罗织经》，作为有志于酷吏者们的指导思想："教其徒网罗无辜，织成反状，构造布置，皆有支节。"看主子脸色，办案靠告密和酷刑。办案子的关键在于查出谁是奸人，《告密罗织经》有"察奸"一节："上所用者，奸亦为忠；上所弃者，忠亦为奸。势变而人非，时迁而奸异。其名难恃，惟上堪恃耳。"皇帝没有具体指谁，那么在酷吏看来，"人皆可罪"。如果你想害某人，可以通过告密举报，把各种零碎不彰显的言论行为凑在一起，这样一个完整的"奸人"形象就会显露出来，再通过酷刑没有不认罪的。兔死狗烹，武则天消灭完反对者之后，借一些细故把这些酷吏一一处死。镇压反对派时，武氏存心过当，上有所好，下必甚焉。酷吏的滥杀正是迎合上意，待事过之后，用杀酷吏以平民愤，并假惺惺地说"岂不有冤滥耶"？

虽然举报和告密是统治者的驭民术，然而这种风气一旦刹不住车，就会伤害到儒家的道德基础建设，比如"亲亲相隐"原则，而这是统治者长治久安所需要的。举报告密制度在短期内对于维稳固然有用，而一旦寻求长治久安，就要把握好这个制度与其他治国理念原则的平衡点。毕竟卖人头这事情，是人心里都厌恶三分。《三国演义》里的苗泽向曹操举报了姐夫黄奎一家，曹操杀了谋反的黄奎，转头又把告密的苗泽杀了，可见曹操也明白告密无底线的危害。史书记载，汉文帝时期曾下诏"论议务在宽厚，耻言人之过失。化行天下，告讦之俗易"。有宋一代虽然依"法统"治，但总的说来政风较为宽和。宋仁宗厌恶官僚间的恶斗，曾下诏"戒上封告讦人罪，或言赦前事，及言官事弹劾小过不关政体者"（《宋史·仁宗本纪》）。后又下诏"察辩激巧伪者加放黜焉"（《续资治通鉴长编卷一百九十二》）。这是用政策的手段对付相互揭短的官员。到了神宗朝，相互告讦变本加厉，徽宗时期形成一个高峰，由此导致北蛮入侵，国家灭亡。宋是皇帝有意识"与士大夫共天下"的朝代，而士大夫之间互相告密、敌视，也使皇帝处境尴尬，感到不快，所以才数度下诏禁止告讦。然而，皇权专制本质上是排斥异见的，皇帝需要有告密者帮助维护自身统治，因此即使再宽大，也不能任凭反对者泛滥，例如颇带点人情味的"亲亲相隐"，就不适用于谋反大罪。告密这个最龌龊、最能体现人性之恶的行为，数千年来不绝于世。

（2023 年 5 月 19 日）

高铁日记4

壹　味道

在法庭上，因为坐的位置离被告人比较近，总能感受到一股奇怪的味道。一开始并未介意，但随着开庭时间的延长，我开始想这到底是一股什么味道。

突然间我反应过来了，这是看守所的味道。

一种因为人挤人人挨人而积攒出来的汗臭体味、没法通风排味的蹲坑屎尿味和廉价的肥皂消毒水味，以及最便宜的化纤睡衣那种织物的味道。所有的味道交织在一起，就是看守所的味道。

没去过看守所的人是不明白那种味道的。

那是失去自由的味道。

贰　我代表什么

在法庭外长椅上坐着等开庭前会议，众多的被害人（非吸投资人）穿梭其间。有一个戴着口罩的大妈认真地在旁边看了我们好一会儿，过来问你们是不是上海的律师？我说对啊，有事吗？

大妈马上朝不远处另一个老男人挥了挥手，老男人拎着一个塑料马甲袋就走过来了。大妈说我们是某某案件投资人的代表，为了众多被害人的利益一直在奔走，我们之前一直在找本地律师，但是本地律师都不行，被收买了，你们从北京上海来的律师可要替我们说话啊。说着旁边的老男人就从塑料马甲袋里掏出一叠资料塞给我。我大概扫了扫，主要内容是要求追加被告人的。大妈说现在政府在庇护真正的被告人或者说获益者，你们可一定要说出来啊，说出来对你的当事人好也对我们好，你们可一定要代表正义要维护正义啊。

我像电影里的特工一样抬头逡巡了一圈，发现在我的九点钟方向前排椅子有个男人一直在盯着我，手里搂着一只黑色的公文包，这应该是我的同行。

我笑笑对大妈和马甲袋老男人说，大妈，我代表不了正义，也维护不了正义，我只能代表我当事人的利益，正义这个词太沉重，估计没人担当得起。

大妈看看我，一脸疑惑，说你们都担当不起那还有谁？我们不相信政府。

我想了想没吱声。回头看旁边那个黑色公文包男，他笑笑把头扭过去了。

叁 妈妈的视频

辩护人：你还有什么要和法庭说的吗？

被告人：我希望法庭可以把我的手机还给我。

辩护人：为什么呢？那个手机是被作为犯罪工具被没收的啊？

被告人：（沉默）……

辩护人：报告审判长，我的问题没有了。

被告人：（忽然开始抽泣）请审判长把那个手机还给我吧，那里面有我妈妈的视频，还给我我就可以看到妈妈了。

审判长：……被告人你先不要着急，你服刑完毕后出去就可以见你妈妈了。

被告人：……我妈妈一年前去世了。

肆 艰难的旁听

在很多年前代理的一个敏感案件里，我注意到法庭里原来的六排座椅突然只剩下来四排。我仔细看了看地上的痕迹，原来那两排座椅的位置的水泥地上有新鲜的水泥修补痕迹。很显然为了控制案件的旁听人数，法院临时把六排座椅拆掉了两排。

法庭的旁听越来越难了。

三年防疫期间，不要说旁听，辩护人连和当事人见面也成了奢望。以防疫之名，有的法院在慢慢蚕食公民旁听的权利。比如每个被告人的家属只能来两个，有众多被害人的案件里被害人只能派代表旁听，对于媒体人特别小心提防，一般来旁听的人员事前都要被核实身份。

不是讲好多个自信吗？为啥在给人旁听这个问题上，法院越来越没底气了？

伍　捡书

上车后捡到一本之前旅客留下的书，白皮，无价，2023 年版，书名叫《中国现代性的起点：戴震的新古典愿景》，读者在里面的铅笔批注停滞于 165 页，应该是没看完。看内容和批注，读者应该是位学者，搞哲学的。笔迹是练过的，估计在五十岁左右。第 53 页批注了一个现汇买入价，8.731 3，这应该是前两天英镑和人民币的汇率，貌似作者有英国留学背景或者目前本人或亲人的生活与英国有关。

这让我想起原来我买的一本英国人写的书《印度对华战争》，二手书，留有七十年代北京某机关的图书室印戳，其中还夹有机关内部礼堂的两张电影票，彩头纸，两寸见方，写着上映时间和座位，不知当时那两位有没有去看过电影，现在是否还健在。

朋友看我的朋友圈里发的这本书，说这是前清朴学，吓得我没敢回复，因为我还第一次听说朴学这个词。又有朋友说这是本清样，出版社特供的。

下车前我想了想，把这本书塞进了自己的行李包。

既然这本书那么有文化，把这本书带走不是就显得我也有文化了？

陆　香水

返程时旁边坐了三个不知是巴铁还是印度人，那外国香水呛的啊，像是热锅里干焙的小米辣，让人呼吸不畅，生生逼我这个在病毒面前都从不戴口罩的人赶紧找了个口罩戴上。

中国香水为啥不迎头赶上？比如搞些小笼包子啊鱼香肉丝啊这种香型的，让人心旷神怡。

柒　尊老

有一次在机场，一花白头发老头安检时插队，还气势汹汹骂被他插队的小女孩，小女孩也气得对骂。看到年轻人这么不尊重老人，我忍不住上去教育小女孩，我说你让一让老人家又咋样了？你看看他这把年纪，还能插几次队？

（2023 年 6 月 3 日）

高铁日记 5

壹 滴滴司机晨

清晨起得很早，在滴滴上叫了个车。过了两个红灯，车就上了高架直奔虹桥。我靠在座椅上，眼皮开始耷拉下来。然而在一个匝道口，司机的一个猛打方向把我整清醒了。因为没搞清楚原因，我也没言语。过了一会儿，同样的事情又发生了一次，这下我有点睡不着了，睁着眼睛看司机，好在天色早路上没啥车。快到机场时，司机的眼睛也快闭上了。我说师傅你几点开始上夜班的？司机眼睛睁开了，说天黑就出来了。我说你赶紧歇歇吧，刚才路上那两个拐弯猛打方向太危险了，我信命，不怕死，但这样真的危险。司机点头，说不好意思啊，是该早点下班了。我说该歇就歇吧，挣钱是不容易，但出了事啥都没了。司机说没法啊，被人家裁员了，老婆孩子房子都要花钱。

贰 炸薯饼

机场里的餐饮没有以前热闹了。

看见了开封菜，就过去问大姐有没有炸薯饼，大姐用全机场都听得到的嗓门说我们不卖油炸食品的！我们卖的都是安全食品！旁边早餐的人听见了都抬头看着我。我赶紧低声说没有就没有，大姐您声音可以小一点不？

叁　没有终点的列车

这两天不断接收到死亡的信息。

第一个是刑委会的一位同行，以前没有太深的交道，最多就是有时开会遇到，打个招呼或者就某个话题展开辩论，忽然在朋友圈就看到他去世的消息，这哥们儿年纪比我还小一点。感慨生命无常，愿老弟一路走好。

到了这把年纪，死亡已经成为日常生活的一部分，他人的死，不论亲人还是路人，你躲避不了，只能接受；到最后是你自己的死，再让他人接受。村上春树说"死，其实是生的一部分。"这话，无法反驳。

第二个是黄永玉大师。看看朋友圈，忽然大家都在铺天盖地转黄永玉大师的信息，才知道他老人家走了。想了想，虽然的确是一个大师，一个人格很高尚的人，但跟自己没一毛钱关系，也就不好意思转朋友圈。

第三个是科马克·麦卡锡，也是一位大师，美国作家。和朋友吃饭，朋友说起麦卡锡过世了，我很无辜地问了句麦卡锡是谁？被朋友一顿臭骂，然后自己老老实实地去当当上买了他的边境三部曲。

高铁到站，有人下车，有人上车。下车的，绝大部分一辈子再也见不到；上车的，见了一面，以后也不可能见到。所谓过客，不过如此。

肆　内卷及其他

到了外地，约了老朋友吃饭，聊起律师行业的内卷，不胜唏嘘。朋友说去报客户的常法价格，有老牌的律所居然报出了150元每小时这样的价格，直接把他们服务了十多年的客户抢走了。

这个价格咋个玩嘛？比按摩大姐的价格还低！你妈呢老子干了一辈子的律师，干老了才算开眼了。

朋友操着本地话边喝边骂。

这个还不算离谱，有个专项，我们跟另外一家抢，到最后我们报两万，比人家客户的低价还少一万，结果你猜对手咋个报？人家免费做！

朋友问起刑事这一块，我说我们刑事这一块也不好做，律师在法庭上的辩护空间越来越狭窄，辩护功能越来越被弱化，客户请律师不能实现其价值，以后人家为啥还要请律师？辩护律师这碗饭越来越不好吃。究其原因，从宏观看是因为司法没法独立，从微观看跟实务中认罪认罚的无底线滥用、普遍的超期羁押和审判变相不公开这三点有很大关系。从技术层面看，刑讯逼供是表象，司法工具化才是恶的根源。

朋友又说起监察委侦办的案件应该也算一个因素，毕竟监察委办案，律师没法会见。我说谈到监察委侦查的案件，我给你们讲两个故事，第一个是某地法官觉得监察委的定案意见偏重，要改监察委意见，监察委说你们要改就改，不过你们自己想想你们办的其他案子是否经得起推敲？是不是都没问题？法官听了就没敢改。第二个是案子还在监察委，嫌疑人的涉案房产就被监察委过户到自己名下，这样的事情你们以前听说过吗？

朋友呆呆地看我，没说话。

我说律师业的冬天来了。

朋友说覆巢之下安有啥来着？

我说好像是个卵。

伍　滴滴司机夜

回到上海又是朋友局。

散场打了个滴滴，睁眼坐在车上，遇到红灯，司机扭头问我，都两点了你还不睡啊？我说我睡了你要绕我路啊？司机笑，说你一直睁着眼睛我没法绕啊。我说没办法，经济下行，喝酒质量下降，本来该醉的现在也醉不了了。

（2023 年 6 月 15 日）

高铁日记6

壹

上了车坐下来开始安安静静地看书。路上总有人上上下下，不一会儿上来了一个，在我前座坐下来开始高声打电话，打了一会儿我就忍不住了，不单是声音大的原因，还因为他讲的不知是浙江哪里的方言，我一句都听不懂。站起来先瞅瞅他体型，看看不是很大只，就拍拍他的肩膀，说先生你打电话可不可以不要发出声音。他被我拍肩膀打断了思维有点意外，看看我的样子没吱声，声音明显小下去了。

贰

律师这个职业是需要为客户保密的，在辩护人脑海里已经不知道储存了多少客户的秘密，有时想到他们的悲惨就忍不住默默大恸。

叁

羁押了快三年，这个案子里十多个被告人只剩下我的当事人还在完全坚持无罪辩护，其他被告人都认罪认罚了。

对于罪与恶的评判，是可以从不同维度出发的。世俗司法系统对罪与恶的评判，虽然尽量从客观证据推断出事实和主观上的犯意，但由于实践中程序不被完全遵循和反推这个司法法则天然的瑕疵，司法评判的结果并不是十全十美的。从主观世界维度看，一个人内心里对自己的评判才是最终的评判，当内心确认自己无罪时，他才可以以决绝的勇气去对抗世俗的评判，虽然这种确信的依据也许是与世俗标准不相容的。

法庭上的勇敢有很多种，坚持内心确信而拒绝认罪是一种，这一种在现实中越来越少了；还有另一种是大多数人的勇敢，就是看清了司法体系的缺陷和不足还依然违心认罪的。在审前羁押是常态的司法体系下，认罪的被告人不可耻。

肆

有个辩护人在对控方证据发表质证意见时，洋洋洒洒讲了快一小时，这些证据大概只有百分之十与他的当事人有关，而他的当事人已经选择了认罪认罚。按照我的认知，这样的意见应该在庭前会议提出来的，在正式庭审时提出来法官完全有理由不睬。不过法官很佛系，一直没打断他，检察官皱着眉头捏着鼻子听了半小时后，终于忍不住伸手要求法官制止，但法官最终还是让他讲完了。

从被告人供述到证人证言，从书证到物证，从鉴定报告到司法审计意见，甚至到被告人的户口信息，这位律师都发出了质问，我大概算了算，控方将近一半的证据他都认为形式上有问题。

虽然口音重，有些观点因为声音小而没被听到（听到后面估计大家都不太关心他讲啥了，就知道他一直在挑证据的毛病），但我觉得他的意见提醒了我们：这个案件并没有什么特殊性，他提出来的证据形式上的问题，估计大多数刑事案件里都有，但这些案子，我们都审下来了，辩过来了。这些年的庭审到底还有多大成分的程序正义存在？尤其对于证据形式的要求。很多时候，我们觉得这只不过是一点小毛病，但是如果一个案件里这样的毛病很多的话，会不会影响到实质上的正义？

程序正义这个理念也许太超前太先进太虚无了，虽然很多律师在用它，试图用它撬动压在被告人身上的大山，但公诉人和法官却不得不面对尴尬的司法现实，落后的司法力量，还必须要遵循司法工具化的潜规则。

伍

有两种东西，我们愈是时常愈加反复地思索，它们就愈是给人的心灵灌注了时时翻新，有加无已的赞叹和敬畏——头顶的星空和心中的道德法则。

当一个原来搞报纸的被告人在法庭最后陈述时侃侃而出康德

的墓志铭时，我不由想起陈凯歌电影《霸王别姬》里袁四爷在公判会上走出的那一步。被镇压了，步伐还是那么霸气。

陆

开庭那天看到家属穿了条火红的裙子，就忍不住问她为啥穿这么艳？

家属说我三年没见老徐了，这个案子被告人多，可能法院不会给家属们见面说话的机会，我穿得鲜艳一点，等囚车进出法院时我家老徐就可以方便看到我啦。

开完庭走出法院，看到老徐妻子红艳艳地站在法院机动车出入口边一群家属里，我跟小刘说你过去和她打招呼吧我不想过去了。

过了一会儿几辆法院的囚车拉着警笛呼啸着出了法院，老徐妻子忽然从保安旁边冲出来，跟着囚车跑了一段然后被交警拦住了。

那一分钟，她慌张而笨拙的身影就像是盛夏阳光下的一只火蝴蝶。

柒

这段时间有点迷马保国。转了几次马大师的视频给小群的朋友，朋友让我注意品味。其实他们哪里懂马保国大师的心。

马大师一生练武，然后用自己的蹶倒诠释了中华传统武术的精髓，大家只看到了表面上他的蹶倒，但其实大家真不懂马大师的初心。就像周星驰在他的喜剧电影里自己是不笑的，因为他知道作为一个喜剧演员自己不能笑。再多的神圣、伟大、高尚和英明，都可以被解构成蹶倒和哄堂大笑，蹶倒是你自己的，哄堂大笑是观众的。

马保国大师现在不单是在表演传统武术，还开始给大家讲中华传统国学，论论道德经，啥时候马大师也给大家论一下法治建设？

（2023 年 6 月 25 日）

你在法庭上要讲多久

行文前先此地无银三百两，本文不针对任何人或任何案件，仅仅是因为天气热想啰唆两句泻火。

一个辩护人在法庭上质证和发表观点时该讲多久？提供书面辩护意见时要写多长？这个问题可能不同的辩护人会有不同的答案。所谓兵无常势水无常形，该讲多少、该写多长完全看案件的具体情况。简单的案子开二十分钟结束，辩护人张嘴时间也许就一两分钟，快得宛若流星划过。复杂的案子可以开几十天，辩护人可以不停地讲，讲到法官喷火、同行入睡、观众离席。辩护的目的是为了当事人利益最大化，还是为了宣讲公平正义？有时候这两者并不矛盾，甚至是相辅相成；但有的时候，辩护人被迫要做出选择，保留一边舍弃一边。不同的辩护目的，决定了辩护人在法庭上该讲多久，辩护词该写多长。

就一个常年从事刑事审判工作的专业法官而言，有句俗话叫多年的媳妇熬成婆，普通的辩护人如果平时没有将主要精力集中在刑事案件上，其专业能力是很难超越审判法官的。辩护人在法庭上需要顾及两方面，一方面要去说服法官听进去自己的辩护意见，另一方面还要把这个过程淋漓尽致地表演出来，在当事人和家属面前赢得高分。但很多时候，辩护人觉得非常值得宣讲的东西，法官会不屑一顾，因为法官见的实在太多了；而被辩护人忽略的东西，也许会被法官作为关注的重点。所以在法庭上如何拿捏好这个分寸，尤能体现辩护人的情商。

就辩护人在法庭上首先要顾及的第一方面展开看，大多数的刑事案件并不是什么新奇的玩意儿，也许一个案件对这个当事人来讲是平生第一遭，但对法官来讲就是每天诊室里的流感或者咳嗽，再普通不过。作为辩护人，如何在同质犯罪的众多被告人的辩护人里脱颖而出，引起法官的注意；如何把简单的事情复杂化，或者把复杂的事情简单化；如何把案件里的特性提炼出来，又如何在尽量短的时间内把这些特性融合进自己的观点快速钉进法官的脑海里，这才是辩护人真正值钱的地方。而就辩护人在法庭上要在当事人和家属面前挣高分这一方面来说，建议不要太多去顾及。辩护人的第一方面做到位了，就不用去担心第二方面的问题。大多数的当事人和家属都是明白人，不会为了律师发言一小时值一千元还是三千元和律师计较的。如果辩护人用一个字就可以辩无罪，当事人出一百万可能也愿意；但如果辩护人说了十万字也没效果，你说每个字该值多少钱？

当然也有同行可能会反驳我，说我们应该尽力把自己的能力展现给当事人，法官听不听那是法官的事情。

好吧，求同存异。不过有一句话，当事人请律师是看表演的吗？

为什么我提倡在法庭上言简意赅不要废话？

辩护人可以换位思考一下，如果你长年累月从事刑事审判工作，面对着大部分都不新鲜的程序、证据，天天在庭上昏昏欲睡的法警，散发着看守所气息的被告人，屁股再亲密不过的密不透汗的人造革座椅、音响效果极差貌似当初被吃了回扣的麦克风，你会有耐心听一个律师滔滔不绝一个小时以上？好吧，第一个律师还行，第二个呢？第三个呢？听到后面估计你也是眼睛看着律师心中想着午饭了。法官不是机器人，法官也是凡人，既然是凡人，那每个人的耐心都是有限的，只不过耐心长短不一而已。

有个重要的点不知道大家是否意识到：法官的工作时间是有限的，他不可能把法院（庭）的所有或者绝大部分资源都倾斜到其中一个案件或一个被告人身上，所以辩护人在法庭上到底该讲多久、到底可以讲多久，事实上并不决定于辩护人的意愿，而是由法院（庭）的时间资源、人员资源（法官和不可能随叫随到的陪审员、法警、审委会委员）、社会舆论影响力、司法工具化的要求等因素综合决定的。辩护人如果意识到了这一点，就会明白在法庭上言简意赅提炼重点有多么重要——你首先要让法官注意你，你的观点法官才会听，而不是夸夸其谈先给法官来一针麻醉剂。有的辩护人在法庭上滔滔不绝，甚至还窃喜于法官不大愿意主动打断他，其实那撞翻泰坦尼克号的冰山已经离他不远了。

有的辩护人喜欢庭后向法官提交此情绵绵千万行的辩护词，我在这里先泼个冷水：我们首先考虑一下法官每周有几个小时可以真正用于工作——我们先把他们刷学习的时间刨掉，把他们上街义务劳动创文创优的时间刨掉，把他们学习其他文件的时间刨掉，把他们彼此在一起吹牛、聊健身、聊追剧、聊喝酒的时间刨掉，然后再把剩下的时间分摊到每个案子上——你觉得有几个法官会真正安静地坐下来，倒一壶热茶，逐页仔细地看你上百页的辩护词？

除非你知道他是谁的粉丝，然后在辩护词扉页贴上偶像的玉照。

不是所有的事情或者东西都是越长越好，至少在辩护这个事情上，一定要充分照顾我们的国情，能在三分钟里干完的事情绝不要用三分零一秒，除非你和客户签订的是按时计费的协议。与发散性思维相比，辩护人在法庭上的归纳能力更为重要——那种将一种观点在一分钟内讲完，将上百本卷宗反映的事实在半小时、一小时内表达完整明白的能力。

至于有的案子辩护人一定需要死磕的，那就不是归纳和表达能力的问题了，更不是辩护长短的问题，那可能是法官和辩护人是不是在平行时空里的问题。换句话说，就是法官和辩护人对相同的法律概念和原则是否有相同的认知。如果认知不同，那可能就是火星和金星的距离，辩护人讲一句顶一万句，或者讲一万句也就一句——反正法官都不听。辩护人认为证据不足的，法官认为根本不是问题；辩护人觉得不该杀的，法官觉得必须杀。实践中，我们的判决书对于说理是相当吝啬的，很多法官根本不屑于在判决书中罗列自己的理由，为啥？说到底又回到归纳能力了——高度概括不必多言。讲得越少毛病越少，现在案件都是终身负责制，给自己埋太多的雷干什么？

（2023 年 7 月 11 日）

无罪亦罪

    有不少刑事被告人在法庭上为自己辩护，说当初笔录上这些话不是自己说的，或者说笔录做完了没有看过，就被承办逼着签字了，于是公诉人就会冷笑着扔出一句：既然不是你说的，你为何要签字？如果被告人还继续辩解，公诉人还会像发射密集阵一样抛出一连串的问题：公安承办有没有打过你？有没有威胁过你？打你的证据在哪里？哪个警官威胁你？他的警号是多少？如果有一次笔录不是你讲的，为啥你的那么多次笔录内容都是一样的……

    然后，被告人自己就一脸懵逼了，我是谁？我现在在哪里？我为什么要签字？那些字真的是我签的吗？

    自古以来，严刑拷打获取口供是捕快缉拿人犯签字认罪的必备手段，任你再强悍的汉子，清蒸、红烧、小炒、凉拌总有一款适合你。且不说杨乃武、小白菜，就看看水泊梁山的首领宋江或者八十万禁军教头林冲，哪个不在捕快胯下屈打成招。以节约司法成本计，从犯人嘴里得到答案肯定是事半功倍、效率最高的办法。现在社会进步了，审讯者更讲究卫生也更尊重人权，以前那种动不动就搞得血肉模糊、臭气熏天的场景实在有碍观瞻也不卫生，还伤害到审讯者的精神状态，容易带来职业病，所以现代的审讯者与时俱进，创造了很多文明的审讯办法。比如像熬鹰一样熬被审讯者，让被审讯者几天几夜不睡觉；或者让被审讯者天天在高分贝下聆听同一首歌，让被讯问者听到耳屎外喷疯狂为止；或者让被审讯者吃容易诱发慢性疾病的食物，让被审讯者痛苦不堪；或者用被审讯者家人的前途、健康甚至自由为威胁等各种超出你想象的办法。

总之，我们是法治社会，我们不像从前那样对你的肉体感兴趣，我们只要让你的灵魂重新接受洗礼。

当然这些招数搞多了，肯定就不能继续搞下去，毕竟这样搞出人命、把人搞疯的风险概率还是不低，所以审讯者们学会了更新迭代，把更先进的审讯方式不断地发明创造出来。审讯者的智慧是无穷的……法律不是规定审讯时要配备同步录音录像吗？好吧，我们肯定会提供同步录音录像，不过既然要上镜头了，那肯定要先化个妆，彩个排，就是说，先对被审讯者进行一下"思想教育"，教教演员如何出演自己的角色，等被审讯者开始具备原罪意识和对自由流哈喇子了，开麦拉，GO！等拿到想要的笔录了，啥，取保？缓刑？我们没有决定权啊……法律不是规定要给被询问者休息的权利吗？没有关系，我们先让你休息够，先让你独自一个人在封闭的软包房里好好反思自己的罪恶，十天、二十天、三十天都没人和你说话，让你感觉自己被扔到了月球上成了不停砍树的吴刚，可是却看不到美丽的嫦娥姐姐，你的幸福阈值和生存欲望被降到无限低，最后你看见审讯者就像看到亲人一样，什么心里话都能掏出来，为了生存还要讨好审讯者，说吧，要我承认杀了几个人？一个？不对，我杀了三个；要我承认受贿多少？五千万？不止，八千万，只要你们陪我说说话……辩护人不是老挑我们的毛病，说我们审讯人员刑讯逼供做笔录吗？好吧，那我们就为你们的客户准备一套标准的格式笔录纸：请问你今天的精神状态适合接受讯问吗？适合。请问我们保障了你休息的权利了吗？保障了。请问在今天的讯问过程中我们是否有非法羁押、虐待体罚、威胁引诱欺诈或其他非法方法获取言词或其他证据的行为吗？没有。请问你前几次的笔录是你真实的意思反映吗？是的。哦对了，我们中午还给你买了盒饭，我们吃的是同一种价格的盒饭哦，嗯是的。好吧记下来……

但是，不过，然而我想表达的中心观点是，很多冤案你在笔录里一般是看不到被冤枉的痕迹的，除非你是经验老到的从业者。一般人都以为你说了什么人家就记什么，其实很多时候不是这样子的。笔录的记载是一方面，但其形成的过程和形成的目的又是另一方面。既然侦查人员先把你刑拘或者留置了，那说明他们已经假定你是犯罪者。也就是说，你一进这个局就已经有形无形地被贴上标签了，你不可能指望侦查人员能保持审讯的绝对客观。

除了先入为主的立场，还要考虑人性的恶。为什么一代又一代的审讯者一定要通过各种各样残害同类的手段来达到自己的目的？因为这涉及这个行业的存续基础，从业者的尊严及价值。打击犯罪真的是为了消灭犯罪吗？还是这只是人类社会利益森林里的一个生态链？在人类社会的利益森林里，谁能说自己就是森林之王？如果降低身段从生态链的角度看社会各阶层、各行业间的关系，人类还具备高级生物的自豪感吗？这种生存利益的需求导致了残害手段的生生不息，尤其在一个缺乏人权意识和权利保障系统的社会里，任何一个普通人坐到了审讯者的位子上，他都可能变成万俟卨、希姆莱、贝利亚。

我们还要考虑另一个因素：市场需求。

每每在法庭上辩护，我总容易想起老庭长讲的那句话：人被杀死了，他还会喊冤吗？当行政权可以超越司法权，当司法实务里犯罪黑数冤假错案的现实数据被人为忽略，当司法实务的规律不被尊重，当一切的司法只为了一条道路、一个政策时，当没有独立第三方来监督司法时，逼供和变相逼供就有着强烈的市场需求。有了这样的市场需求，就有无数利欲熏心或者忍辱负重或者与人为善的司法者抛却初心，勇往直前。虽然也有一些刑讯逼供者因为吃相太难看会被绳之以法，但这只不过是司法产品加工过程中被抛出来的残次品而已。

哦对了，当年的岳武穆曾经扛住了万俟卨的毒刑一直不肯签字打指模，万俟卨请示秦桧，该用的酷刑都用过了，这军爷还是不认罪，也搞不到他犯罪的证据，咋办？字写得很好看的秦桧笑笑说了句"莫须有"，万俟卨恍然大悟，总算明白了无罪也是罪这个司法终极原则，顺利完成了领导交给的政治任务。

当然，一般的被告人是不必动用这个核武器的。

（2023 年 8 月 14 日）

高铁日记11

壹

今天我讲的是看守所往事。

如果你觉得不真实，那只能说明你经历的生活还不够真实。

贰

小湖南平时在烟厂旁边打零工，偶尔小偷小摸夹带一两条香烟。后来老婆要生孩子，小湖南决定干票大的，一天趁人家不注意，冲过去夹了两箱翡翠牌香烟骑上自行车就跑——他真的是放开车龙头两手夹着两箱翡翠烟骑车跑掉的。后来被抓到收审所（这个故事发生在收审制度取消前），案子迟迟没有处理，小湖南算着老婆要生了，万分焦急。同号另外两个重罪犯人想跑，就约了他一起行动。三个人成功地翻出收审所围墙，然后成功被抓回。警察把他们往死里揍，两个重罪犯人聪明，一打就使劲惨叫求饶，小湖南嘴硬不吭声，被活活打死，再没看到老婆孩子。

出了这个事，两个重罪犯人很快就转到了看守所，也算沾了点小湖南的光。

叁

香港黑社会肥仔，身高 180，体重 100 多公斤，长得等于大于郑则仕，号称是 14K 的白纸扇，洪门弟子，能文能武；还号称有个漂亮老婆，大家听了都不信。有个犯人帮看守收家属寄来的东西，有一天看到一个漂亮女人，说来帮肥仔送东西，大家始才相信。

肥仔平时笑眯眯，说话很和气，但毕竟是黑社会的人，下手很重。有一次自己一个小弟被一个贵州人欺负，肥仔叫了几个人，趁着所里劳动时，把贵州人围起来让手下人先暴揍一顿，肥仔看看差不多了最后说闪开让我来，众人闪开，肥仔上去就是一记重拳。然后贵州人没啥，肥仔的拳头受了伤，包了十几天才拆布。

肥仔涉的案子是贩毒，十几公斤的海洛因，因为是香港人身份，时间拖得有点长，最后还是判了死刑。

肆

阿飞也是个香港黑社会，身高 165，体重 50 多公斤，精瘦精瘦，号称自己是双花红棍，体力很好，还在所里教别人洪拳。有一天来了个因为赌博诈骗被抓的伍哥，进了监号就上蹿下跳，说你们小心点，老子是伍哥。阿飞上去，一拳就把伍哥放翻了。

开庭前阿飞穿了件大家都没见过的夹克，上面的标志大家也没见过。阿飞说你们大陆没有我们这个高级品牌啦，然后穿着去开庭。后来出去的人在商店里看到了进来大陆搞连锁的新品牌，叫佐丹奴，才明白阿飞也是个穷人。香港的穷人。

他在香港是个防盗门窗厂的安装工人。

伍

阿宏从小在少管所、收容所、看守所、监狱间辗转长大，在本地很有名。人很帅，随时干干净净，围个白围巾，梳个大背头，很有点周润发的范儿，管教也不更多为难他。美中不足是左手戴个白手套——因为小手指没有了。据说是他去调解团伙冲突两边都不听，他就把自己小手指斩掉了，于是就把两边都镇住。

这次又进了看守所，号里原来的排头久闻他大名，要把排头位置让给他，他笑笑说不必了。

在阿宏进来前，这个号曾进来过一个犯人，这犯人很猖狂，进来就说我是要死的人了，我是死刑犯，你们不要惹我。号里的人有一天就约起来把他打得起不了床，被管教换了房间。后来有一次所里劳动，死刑犯找了个机会把原来这个号的一个小弟暴打了一顿。虽然这事情的恩怨发生在阿宏进来前，但阿宏知道后，就跟排头说这事情我去处理。隔几天，阿宏找了个劳动的机会带了几个人找到这个死刑犯下了狠手，差点替天行道提前执行。

后来管教就找了个机会让他当劳动监督员，在劳动场所坐着，也不干什么。犯人们也不敢弄虚作假，更不敢乱打架了。

陆

有个年轻的犯人因为文化高，被老警察安排在所里小卖部帮忙，有时也帮警察把一些老外犯人家属带来的外币拿去换人民币，吃点汇率差。年轻人聪明能干，老警察看在心里。

有一天老警察跟年轻人说，今天你跟我出去一趟去看看新的供应商。年轻人就跟着老警察坐边三轮出了看守所。年轻人一路走一路发现这路很熟悉，走着走着居然到了自家楼下。老警察说上去看看爹妈嘛，过半小时我来接你。然后丢下年轻人就走了。

过了一小时，老警察开着边三轮过来，看见年轻人和父母早早就站在路边等候。

（2023 年 10 月 20 日）

高铁日记12

壹

老金自北方来，为他接风洗尘，席间谈起十多年前往事，不胜唏嘘。问我有没有好玩的故事，给他讲了几个涉黑的案子，老金听了撇嘴，说这也是黑社会？这不是砸黑社会的牌子么？

贰

甲城有个大哥，挖矿起家，黑白通吃，老金有次带了我去他的 VIP 办公室，办公室在会所深处，面积很大，看上去就令人咋舌，进门超大的老板椅后一面墙，加上左右两面墙都被做成了书架，堆了成排的四库全书。我嘴快，悄悄问老金，说这些书都是空盒子吧？大哥耳朵尖听见了，说瞧你说的，我们是没文化，但我们很诚实。说完随手拿了一本书下来把封面塑料纸撕开，说洪律师你瞅瞅是不是真的？

剩下的一面墙，堆了满满的方便面和饮料。旁边有一张带木头桌边的自动麻将机。

老金看我手里拿着本四库全书眼瞅着麻将机的桌边发呆，说这是黄花梨做的。听他这么说，我才注意到屋子里家具的木料看上去都很名贵，怕露怯忍住了没问，淡淡说了句，好木料。

叁

房产商刘总，原来学国际象棋出身，半路放弃棋业出家搞房产，靠着亲戚关系飞快发家。和刘总一同学棋的师哥晋老师专心学棋，斩获不少国际荣誉，退役后却生活窘迫。刘总说师哥啊，我把我某小区某一楼某商铺给你，你想做什么？晋老师想想说我教孩子学棋吧。过了几个月，刘总问晋老师生意如何，晋老师尴尬地说亏着呢，恐怕你还得支持我一点。刘总叹气，说你就是书生气，现在大家都忙着发财，谁有空研究那破玩意儿，你别鼓捣国际象棋了，我给你买几张麻将桌吧，这里派出所李所长是我兄弟，不会来为难你的。

晋老师把国际象棋换成麻将，赌客们知道这是刘总的地盘，都来捧场，生意做得风生水起。晋老师开麻将有了点钱，又想教孩子们下棋。刘总叹口气，说旁边我再给你一小间，以后你亏了我就不管了。

肆

钱主任好色，在外面找养小三，结果小三有一天跟他说怀孕了，钱主任将信将疑，有一天吃饭喝酒就和几个兄弟说了这事，特警队的老陈说这事情容易，钱主任你想不想要孩子？钱主任说是我的当然要啊，老陈说那就生下来呗，生了去做一个DNA，是你的就养起来。钱主任说如果不是呢？老陈笑，说我们这帮兄弟还能被一个小骗子要挟不成？到时要不要帮你处理一下？

伍

钱主任手下有个小弟，酒量极好，人仗义，曾经和人在KTV赌酒，一人喝了三瓶XO，打电话给女人发酒疯，女人打电话给小弟旁边的人，说赶紧送他回来吧，他肯定喝高了。大家都说看上去还可以啊，很正常。女人说一定是醉了，都说要和我离婚啦。大家说两口子吵架要离婚很正常啊，女人说，我们还没结婚呢，离个屁的婚，这个小混混。

陆

黄总在甲城开产品代理会议，开完了要找个场子乐呵乐呵，打电话给KTV的韩哥，说有没有大一点的场子，我们公司团建，人多。韩哥问多少人啊，说大概七八十个吧，韩哥笑笑，说去我最大的那个包房吧。给我8 800包房费就行了，酒水你们敞着喝，不收钱。黄总说那怎么成，酒水这么贵。韩哥说都是假的，没几个钱。

黄总带了人去到包房，包房之大，是他一生中没见过的。公司的七八十个人装进去了不说，场子里还摆了个美式落袋，旁边还有一套烧烤的器具。

柒

韩哥请李队吃饭，带了两瓶茅台，李队说这两天白酒喝多了，想换红酒喝。韩哥犹豫，说今儿没带红酒。司机小沙说韩哥我看车后备厢里还有两瓶，我去帮李队拿。韩哥没喊住小沙，小沙已经跑出包间去拿酒了。吃完饭，李队说这红酒好喝。韩哥笑笑，说我朋友给我的进口酒。

韩哥送完李队，冲着门口的小沙就是一脚，然后又是一脚，又是一脚。小沙被踢懵了，说哥咋啦咋啦？喝高啦？韩哥咬牙切齿说你个蠢货没文化的小学生，老子那两瓶红酒是准备送王局的拉菲，二十万的拉菲！

二十万的拉菲！韩哥说，这是真拉菲！

（2023 年 12 月 2 日）

图书在版编目（CIP）数据

法律的悲悯 / 洪流著. —上海：文汇出版社，
2024.3
ISBN 978－7－5496－4211－3

Ⅰ.①法… Ⅱ.①洪… Ⅲ.①法律－文集 Ⅳ.
①D9－53

中国国家版本馆CIP数据核字（2024）第011673号

· 文汇新观察丛书 ·

法律的悲悯

律师眼中的中国法治

著　　者 / 洪　流

责任编辑 / 黄　勇
特约编辑 / 高　逸
封面装帧 / 王　翔

出版发行 / 文匯出版社
　　　　　 上海市威海路755号
　　　　　 （邮政编码200041）
经　　销 / 全国新华书店
排　　版 / 南京展望文化发展有限公司
印刷装订 / 上海颛辉印刷厂有限公司
版　　次 / 2024年3月第1版
印　　次 / 2024年3月第1次印刷
开　　本 / 890×1240　1/32
字　　数 / 300千字
印　　张 / 8.5

ISBN 978－7－5496－4211－3
定　　价 / 79.00元